Alice Gray

Die Weihnachtsrose

und andere Geschichten, die das Herz berühren

Über die Autorin

Alice Gray ist in den USA eine beliebte Rednerin. Sie illustriert ihre Ansprachen schon seit über 20 Jahren mit warmherzigen, inspirierenden Geschichten aus aller Welt, die sie in verschiedenen Büchern veröffentlicht hat. Alice lebt mit ihrem Mann Al in Arizona.

Alice Gray

Die Weihnachtsrose

und andere Geschichten, die das Herz berühren

Aus dem Amerikanischen von Jokim Schnöbbe

GerthMedien

The mark of responsible forestry
FSC www.fsc.org FSC® C017859

Verlagsgruppe Random House FSC-DEU-0100
Das für dieses Buch verwendete FSC®-zertifizierte Papier
München Super Extra liefert Arctic Paper Mochenwangen GmbH.

Originally published in English under the title:
„Christmas Stories for the Heart“ by Alice Gray

Published by Multnomah Books
a division of Random House, Inc.
12265 Oracle Boulevard, Suite 200
Colorado Springs, Colorado 80921 USA

1. Auflage 2011
Bestell-Nr. 816 360
ISBN 978-3-86591-360-9
Umschlaggestaltung: Hanni Plato
Umschlagfoto: Corbis/Ferruccio Carassale/Grand Tour
Satz: Die Feder GmbH, Wetzlar
Druck und Verarbeitung: CPI Moravia

Für meine liebe Schwester Nola Bertelson
und meine geschätzten Freunde
Rich und Barbara Wimer,
die mir das Geschenk von Weihnachten
nahegebracht haben.

Inhalt

Weihnachtsschätze

Und wär' die Welt vielmal so weit,
Von Edelstein und Gold bereit't,
So wär' sie doch dir viel zu klein,
Zu sein ein enges Wiegelein.

Martin Luther

Die Krippe war leer

Nacherzählt von Casandra Lindell

Er kam frühzeitig am Morgen des ersten Weihnachtstages, um den Kirchensaal gründlich zu überprüfen, und stellte zufrieden fest, dass nach dem mitternächtlichen Heiligabendgottesdienst die Gänge gefegt und die Sitze abgestaubt worden waren. Verlorene Geldbeutel, Bibeln und Handschuhe hatte man aufgesammelt und ins Büro gebracht, wo die Fundsachen aufbewahrt wurden; jeden liegen gelassenen Flyer, jeden Gemeindebrief hatte man aufgespürt und entsorgt.

Draußen begann es zu dämmern. In der Kirche, in der sich nur der Pastor bewegte, flackerten Kerzen und warfen wechselnde Schatten auf das Gewölbe und den Steinboden. Hin und wieder schweifte das Kerzenlicht über das Buntglasfenster und brachte dessen satte Farben zur Geltung. Es war kalt und still; nur die langsamen Schritte des Pastors waren zu hören.

Neben der nahezu lebensgroßen Krippenszene hielt er inne, um *ihm*, dessen Geburt gefeiert wurde, ein Weihnachtsgebet des Dankes zu sagen. Die Figuren waren alle mit viel Liebe wunderbar realistisch gefertigt worden und standen auf einer kleinen Bühne. Durch die offene Stalltür war ein Nachthimmel mit dem Stern zu sehen, der die Hirten und Weisen am Tag seiner Geburt zum Messias führte. Die Hirten kamen gerade herein, ihre Augen waren vor Staunen weit offen. Eine ganze Reihe von Tieren stand entweder in Ställen oder ruhte am Rand der Szene. Und in der Mitte war die Heilige Familie. Beim Anblick der Krippenszene konnte der Pastor beinahe die Ehrfurcht jener lang vergangenen Nacht spüren.

Ganz langsam schlich sich ein verdutztes Stirnrunzeln in sein Gesicht. Dann schnappte er erschrocken nach Luft, sodass es durch die leere Kirche hallte.

Die Krippe war leer! Die kleine Figur, die den Erlöser als Säugling darstellte, war weg.

Hastig und mit wachsender Unruhe fing der Pastor an, die Kirche erneut zu durchsuchen. Beginnend bei der Krippe, schaute er durch die Gänge, wobei er fast auf Händen und Knien kroch, um unter jedem Sitz nachsehen zu können. Aber da war nichts. Als Nächstes rief er den Hausmeister an, in der Hoffnung, *er* habe vielleicht das Christkind gesehen. Dann rief er den Zweitpastor und alle Ältesten an, doch keiner konnte den Umstand erklären. Schließlich mussten sie traurig kopfschüttelnd zugeben, was keiner von ihnen hatte wahrhaben wollen: Die Figur konnte niemand verlegt oder verloren haben, sie musste gestohlen worden sein.

Mit einem der Lage angemessenen Ernst informierte

der Pastor die Gemeinde, die sich kurz darauf versammelte, über den Diebstahl. Seine Stimme zitterte, als er den Gottesdienstbesuchern erzählte, was er an diesem Morgen vorgefunden hatte. Dass jemand gerade das Symbol für den Anlass der Feier stehlen müsse, sagte er, den Grund ihrer Hoffnung schlechthin – nun, das verstehe er einfach nicht. Sein Blick wanderte über die Gesichter der so früh Versammelten, und es enttäuschte ihn zu denken, dass jemand in seiner eigenen Gemeinde so etwas tun könne.

„Die Figur des Christkindes", sagte er, „muss vor Ende dieses Weihnachtstages zurückgebracht werden. Niemand wird irgendwelche Fragen stellen, aber sie muss sofort wiedergebracht werden." Dann trat er von der Kanzel und der Chor schloss den Gottesdienst mit dem Weihnachtslied „Kommt, lasset uns anbeten".

Die Krippe blieb den Tag hindurch leer.

Entmutigt und schweren Herzens ging der Pastor am späten Nachmittag durch die winterlichen Straßen der Nachbarschaft spazieren. Vor ihm sah er eines der jüngsten Mitglieder seiner Herde, einen Sechsjährigen namens Tommy. Zum Schutz vor der Kälte hatte er sich in schäbige Kleidung gehüllt und stapfte, stolz einen Bollerwagen hinter sich herziehend, den Gehweg entlang. Der Wagen war knallrot und eindeutig nicht älter als der heutige Weihnachtstag.

Der Pastor war tief berührt, wusste er doch, welche Aufopferung und eisernes Sparen der Kauf des Bollerwagens bedeutet haben musste. Tommys Familie hatte schon genug Schwierigkeiten, sich über Wasser zu halten. Bei so viel Liebe für den kleinen Jungen auf Seiten von Tommys Eltern wurde dem Pastor richtig warm ums Herz, und er spürte, wie sein Vertrauen in die Menschen wieder zu wachsen begann. Er beschleunigte seinen Schritt, damit er Tommy frohe Weihnachten wünschen und seinen hübschen neuen Bollerwagen bewundern konnte.

Doch als er näher kam, sah er, dass der Wagen nicht leer war: Das Christkind lag dort, zwar unter einer Decke liegend und eingemummt, aber doch nicht ganz versteckt.

Der Pastor hockte sich neben Tommy, wobei er an einem Knie den feuchten Schnee durch sein Hosenbein spürte. Sein Gesicht war grimmig und enttäuscht. Tommy mochte ja noch ein kleiner Junge sein, und da musste man natürlich etwas Nachsicht haben, aber er war trotzdem alt genug, um zu wissen, dass Stehlen ganz und gar nicht in Ordnung war. Der Pastor ließ das Tommy dann auch mit Nachdruck wissen, während der Junge dastand und sich seine klaren Augen mit Tränen füllten, die der Pastor als Zeichen seiner Bußfertigkeit deutete.

„Aber Pastor“, stammelte der kleine Junge, als der Mann endlich fertig geredet hatte, „ich habe Jesus nicht *gestohlen*. So war das überhaupt nicht.“ Er hielt inne, um kräftig zu schlucken und sich einige Tränen aus dem Gesicht zu wischen. „Es ist nur so, dass ich ihn schon ganz lange um einen roten Bollerwagen zu Weihnachten gebeten habe, und ich habe ihm versprochen, wenn ich den Wagen bekomme, dann darf er bei der ersten Fahrt mit dabei sein."

Wenn das Christkind fehlt, wählen Sie 7162

Jean Gietzen

Als ich ein Kind war, arbeitete mein Vater für eine Ölfirma in North Dakota. Wegen der Firma musste er immer wieder in einen anderen Teil des Bundesstaates ziehen, und bei einem dieser Umzüge ist unser Familien-Krippenset abhandengekommen. Kurz vor Weihnachten 1943 entschied sich meine Mutter, es zu ersetzen, und war froh, als sie in unserem lokalen Billigladen ein neues Set für nur $ 3,99 fand. Mein Bruder Tom und ich halfen ihr beim Auspacken und entdeckten dabei das Christkind in doppelter Ausführung.

„Jemand muss das falsch gepackt haben", sagte meine Mutter und zählte die Figuren. „Wir haben einen Josef, eine Maria, drei Weise, drei Hirten, zwei Lämmer, einen Esel, eine Kuh, einen Engel und zwei Babys. Du liebe

Zeit, ein Set im Laden muss dann wohl kein Christkind haben!"

„Das ist doch super, Mama", riefen mein Bruder und ich. „Jetzt haben wir Zwillinge!"

„Ihr beide geht zurück zum Laden und sagt dem Inhaber, dass wir einen Jesus zu viel haben. Sagt ihm, er soll ein Schild auf die anderen Packungen stellen mit dem Hinweis, dass man 7162 anrufen kann, wenn das Christkind fehlt", wies uns meine Mutter an. „Ich gebe jedem von euch einen Penny für etwas Süßes. Und vergesst eure Schals nicht, draußen ist es eisig."

Der Ladeninhaber schrieb den Vorschlag meiner Mutter auf, und als wir das nächste Mal im Laden waren, sahen wir das Pappschild, auf dem stand: „Wenn das Christkind fehlt, wählen Sie 7162."

Die ganze Woche lang warteten wir auf den Anruf. Jemandem musste doch die wichtige Statuette fehlen, dachten wir. Bei jedem Klingeln des Telefons sagte meine Mutter: „Das ist bestimmt wegen Jesus." Aber das war es nie. Mein Vater versuchte zu erklären, dass die Statuette bei einem Set in Walla Walla, Washington, fehlen könne, und überhaupt geschähen ständig Packfehler. Er meinte, am besten legten wir den zusätzlichen Jesus zurück in die Packung und vergäßen die ganze Sache.

„Zurück in die Packung!", jammerte ich. „So was macht man doch nicht mit dem Christkind, und schon gar nicht zu Weihnachten!"

„Irgendjemand wird schon anrufen", sagte meine

Mutter. „Wir lassen die beiden einfach zusammen in der Krippe, bis sich jemand meldet."

Als auch am Heiligabend um 17.00 Uhr noch niemand angerufen hatte, bestand meine Mutter darauf, dass mein Vater „mal schnell zum Laden laufen" solle, um zu sehen, ob noch irgendwelche Sets übrig seien. „Die kannst du direkt durchs Schaufenster sehen, beim Ladentisch", sagte sie. „Wenn alle weg sind, dann *muss* heute Abend einfach noch jemand anrufen."

„Zum Laden laufen?", donnerte mein Vater. „Da draußen sind minus fünfundzwanzig Grad!"

„Ach, Papa, komm schon, wir geh'n auch mit dir", sagte ich. „Tommy und ich ziehen uns warm an, und auf dem Weg können wir die ganze Weihnachtsdekoration bewundern."

Mein Vater seufzte und machte sich auf zum Garderobenschrank. „Ich muss verrückt sein", murmelte er. „Bei jedem Klingeln des Telefons brüllen mich alle an, ich solle feststellen, ob das wegen Jesus ist, und jetzt geh' ich auch noch am kältesten Tag des Jahres nach draußen, um durch ein Fenster zu schielen und zu sehen, ob *er* da ist oder nicht."

Mein Vater murmelte den ganzen Weg vor sich hin, während mein Bruder und ich um die Wette liefen. Der Rahmen des Schaufensters war mit kleinen Lichtern verziert, die ständig an- und ausgingen. „Sie sind alle weg, Papa", rief ich. „Jedes Set muss verkauft worden sein."

„Hurra, hurra!", stimmte mein Bruder mit ein, als er

mich einholte. „Das Geheimnis wird heute Abend gelüftet!"

Mein Vater, der ein Stück hinter uns geblieben war, machte kehrt und ging nach Hause.

Zurück im Haus sahen wir, dass die zweite Statuette vom Set verschwunden war – und meine Mutter mit ihr. „Jemand muss angerufen haben und sie ist losgegangen, um die Statuette abzugeben", schlussfolgerte mein Vater, während er sich die Stiefel auszog. „Na gut, dann macht ihr Jungs euch mal an die Weihnachtsbaumketten und ich pack das Geschenk für Mama ein."

Wir waren fast mit einer Kette fertig, da läutete das Telefon. Mein Vater rief mir zu, ich solle rangehen. „Sag ihnen, wir haben ein Zuhause für Jesus gefunden", tönte er die Treppe hinunter. Doch der Anrufer war kein Fragender. Es war meine Mutter mit der Anweisung, sofort zur Kastanienallee 205 zu kommen und drei Decken, eine Packung Kekse und etwas Milch mitzubringen.

„Wo hat sie uns denn jetzt schon wieder reingezogen?", stöhnte mein Vater, während wir uns erneut einmummten. „Kastanienallee 205, das ist acht Straßen oder so entfernt. Wickelt die Milch ja gut in die Decken ein, sonst gefriert sie noch, eh wir da sind. Warum können wir nicht einfach ganz normale Weihnachten haben? Inzwischen sind draußen wahrscheinlich schon minus fünfunddreißig Grad. Und ein Wind kommt auch noch auf. In so einer Nacht ein derartiges Unterfangen zu starten …"

Die ganze Strecke zur Kastanienallee sangen Tommy und ich Weihnachtslieder, so laut wir konnten. Mit dem

Bündel Decken und der Milch unterm Arm hätte man meinen Vater fast für den mit Geschenken bestückten Weihnachtsmann halten können. Von Zeit zu Zeit riefen mein Bruder und ich ihm von vorne zu: „He, Papa, wir können ja so tun, als ob wir nach einer Unterkunft suchen, wie Josef und Maria."

„Oder wir tun so, als ob wir in Bethlehem wären, wo wahrscheinlich gerade zwanzig Grad im Schatten sind", antwortete mein Vater dann.

Wie sich herausstellte, war Kastanienallee 205 das dunkelste Haus in der Straße. Ein einziges winziges Lichtchen brannte im Wohnzimmer, und als wir die Stufen zur Haustür hochstiegen, machte meine Mutter sofort dic Tür auf und rief: „Sie sind da, sie sind da! Oh, wie gut, dass du da bist, Ray! Ihr Jungs bringt die Decken ins Wohnzimmer und wickelt die Kleinen auf der Couch ein. Ich nehme die Milch und die Kekse."

„Könntest du mir vielleicht erst mal sagen, was hier los ist, Ethel?", fragte mein Vater. „Wir sind gerade den ganzen Weg bei diesen Minusgraden gelaufen, während der Wind uns ins Gesicht blies ..."

„Das spielt doch jetzt keine Rolle", unterbrach ihn meine Mutter. „Dieses Haus ist unbeheizt und die arme junge Mutter hier ist so aufgebracht, sie weiß überhaupt nicht, was sie machen soll. Ihr Mann hat sie im Stich gelassen und die armen Kinder werden ziemlich düstere Weihnachten verbringen müssen, also beschwer' dich nicht. Ich hab ihr gesagt, du könntest ihren Ölofen im Nu reparieren."

Meine Mutter ging in die Küche, um die Milch aufzuwärmen, während mein Bruder und ich die fünf kleinen Kinder einwickelten, die in einem Haufen auf dem Sofa kauerten. Die Mutter der Kinder erklärte meinem Vater, dass ihr Mann sie verlassen habe und das Bettzeug, die Kleider und fast alle Möbelstücke mitgenommen habe, aber dass sie noch ganz gut zurechtgekommen sei, bis der Ofen kaputtgegangen sei.

„Ich habe für Leute gewaschen und gebügelt und den Billigladen geputzt", sagte sie. „Jeden Tag habe ich Ihre Nummer gesehen, auf den Packungen beim Ladentisch, wissen Sie. Als der Ofen ausging, kam mir die Nummer immer wieder in den Sinn: *7162, 7162*.

Auf der Packung stand, wenn jemand das Christkind nicht hat, soll er Sie anrufen. Daher wusste ich, dass Sie gute Christenmenschen sind, hilfsbereit und so. Na ja, ich dacht' halt, vielleicht könnten Sie auch mir helfen. Da bin ich dann heute Abend zum Laden gegangen und hab die gnä' Frau angerufen. Das Christkind fehlt mir zwar nicht, denn den Herrn hab ich auf jeden Fall lieb. Aber mir fehlt Beheizung.

Ich und die Kinder, wir haben überhaupt kein Bettzeug und nichts Warmes anzuziehen. Ich hab zwar ein paar Spielsachen für sie gekriegt, aber ich hab kein Geld, um den Ofen da reparieren zu lassen."

„Okay, okay", sagte mein Vater freundlich. „Da sind Sie schon an der richtigen Adresse. Dann lassen Sie mich mal sehen. Sie haben da einen kleinen Ölofen im Wohnzimmer. Sollte eigentlich kein Problem sein, ihn wieder in Gang zu bekommen, ist wahrscheinlich nur ein verstopftes Heizrohr. Ich schau mir das mal an. Mal gucken, wie ich dem guten Stück helfen kann."

Meine Mutter kam mit einem Teller Kekse und einem Tablett voll warmer Milch ins Wohnzimmer. Als sie die Becher auf den Kaffeetisch stellte, bemerkte ich die Figur des Christkindes, die in der Mitte des Tisches lag. Es war das Einzige im Haus, das an Weihnachten erinnerte. Staunend und mit aufgerissenen Augen starrten die Kinder den Keksteller an, den meine Mutter ihnen vorsetzte. Einer der Jüngsten wachte auf und kroch unter der Decke hervor. Beim Anblick der vielen Fremden im Haus fing er an zu weinen. Meine Mutter schnappte sich ihn, nahm ihn auf den Arm und begann ihm etwas vorzusingen.

„Christ, Christ, des Königs Fried', in Hirten Hut, voll Engelslied", summte sie leise zum Schreien des Kindes. „Geschwind, geschwind, bringt ihm Lob, dem Kind, dem Sohn Marias", sang sie, das Geschrei des Kindes nicht beachtend. Sie sang und tanzte mit dem Baby durch das Zimmer, bis es sich wieder beruhigte.

„Hörst du das, Chester?", sagte die junge Mutter zu einem anderen Kind. „Die Frau singt vom Herrn Jesus. Er wird uns nie im Stich lassen, das sag ich dir, hat er uns doch sogar diese Leute hier geschickt, um unseren Ofen heil zu machen. Und Decken haben wir jetzt auch. Das wird 'ne warme Nacht werden, du."

Meine Vater beendete seine Arbeit am Ölofen, wischte seine Hände am Schal ab und sagte: „Der läuft wieder, aber Sie brauchen Öl. Ich werde heute Abend von zu Hause aus noch ein paar Leute anrufen, und dann werden Sie wieder etwas Öl haben. Ja, Sie sind zur richtigen Adresse gekommen“, grinste er.

Als mein Vater sah, dass der Ofen wieder gut heizte, mummten wir uns als Familie ein weiteres Mal ein und machten uns auf den Weg nach Hause. Mein Vater verlor kein Wort über das kalte Wetter und kaum war er durch die Eingangstür getreten, da war er auch schon am Telefon.

„Hey, Ed, wie geht's?“, hörte ich ihn sagen. „Wünsch' dir auch frohe Weihnachten. Sag mal, Ed, wir haben hier eine etwas ungewöhnliche Situation und du hast doch so einen kleinen Lieferwagen, oder? Ich frag mich, ob wir vielleicht einige der Jungs zusammentrommeln und einen Weihnachtsbaum finden können, weißt du, und so ein paar Sachen für ...“

Der Rest seines Gespräches ging in einem undeutlichen Wortschwall unter, denn mein Bruder und ich rannten in unsere Zimmer, zogen Kleider aus den Schränken und nahmen Spielsachen von den Regalen. Meine Mutter ging unsere Habseligkeiten durch, um Kleidungsstücke und Spiele zu finden, die, wie sie sagte, „vielleicht passen könnten“, und dann fügte sie dem Stapel noch einige ihrer eigenen Pullover und Hosen hinzu. An jenem Abend waren wir noch lange nach unserer gewöhnlichen Schlafenszeit auf und damit beschäftigt, unsere Geschenke einzupacken. Die Männer, die mein Vater angerufen hatte, trieben Heizöl auf, sowie Bettzeug, zwei Stühle und drei Lampen und fuhren damit zweimal zur Kastanienallee 205, bevor der Abend vorbei war. Bei der zweiten Fahrt wurden unsere Geschenke in den Wagen geladen, und obwohl es inzwischen bestimmt schon unter fünfunddreißig Grad minus war, durften wir auf der offenen Ladefläche mitfahren.

Nie hat jemand wegen der fehlenden Statuette des Krippensets angerufen, doch als ich älter war, wurde mir bewusst, dass es sich gar nicht um einen Packfehler gehandelt hatte.

Geheimnisvolle Freude

Loren Young

Vor ein paar Jahren besuchte ich zu Weihnachten meine Eltern, die in einer Bergwerksgegend in West Virginia wohnen. Es waren schlechte Zeiten. Nicht weit von mir entfernt bemerkte ich ein junges Ehepaar, das neben einem Gelähmten stehen blieb.

Der Mann, ganz offensichtlich ein Bergwerksarbeiter, unterhielt sich mit seiner Frau im Flüsterton. Während der junge Ehemann auf seine Frau hinabschaute, breitete sich langsam ein Lächeln in seinem Gesicht aus und er nickte. Sie zog einen alten schwarzen Geldbeutel aus der Tasche. Dann ging sie langsam zu dem Gelähmten und drehte den Geldbeutel auf den Kopf.

Münzen rasselten in den Becher des alten Mannes. „Ein frohes Fest", flüsterte sie. Dankbar streckte der Gelähmte seinen Arm aus, um ihr die Hand zu schütteln.

Ich sah ihnen zu, wie sie die Straße entlanggingen. Sie waren pleite und würden zu Fuß nach Hause gehen müssen. Doch an ihrem schwungvollen Schritt merkte ich, dass der Weg ihnen nicht lang vorkommen würde.

Als sie sich des Inhalts ihres Geldbeutels erleichterten, machten sie auch ihre Herzen leichter und erlebten einmal mehr die geheimnisvolle Freude des Gebens.

Hallo!

NANCY DAHLBERG

Es war Sonntag, Weihnachten. Unsere Familie war über die Feiertage bei meinen Schwiegereltern in San Francisco gewesen. Am Montag mussten wir jedoch wieder bei der Arbeit sein, und so verbrachten wir den Weihnachtstag damit, 650 Kilometer nach Los Angeles zu fahren, wo wir wohnten.

Zum Mittagessen hielten wir in King City an. Das Restaurant war kaum besucht. Wir waren die einzige Familie, und außer unseren gab es dort keine Kinder. Ich hörte unseren einjährigen Erik freudig aufschreien: „Hallo! Hallo!“ Er hämmerte – bum, bum – mit seinen runden Babyhändchen auf den Metalltisch seines Hochstuhls. Sein Gesicht glühte vor Begeisterung, seine Augen riss er weit auf, sein Zahnfleisch war in einem zahnlosen Grinsen bloßgelegt. Er zappelte, zirpte und kicherte, und dann sah ich den Grund seiner Heiterkeit, auch wenn meine Augen gar nicht alles sofort verarbeiten konnten …

Der zerlumpte Überrest einer Jacke, die jemand offensichtlich vor Ewigkeiten einmal gekauft hatte –

schmutzig, schmierig und abgetragen; ausgebeulte Hosen; ein spindeldürrer Körper; aus Möchtegernschuhen lugende Zehen; ein T-Shirt, das mit Schweißringen übersät war; und ein unverwechselbares Gesicht, dessen Zahnfleisch genauso zahnlos war wie Eriks.

„Hallo, Baby! Na, du Großer. Ich seh dich, Kumpel."

Mein Mann und ich tauschten Blicke aus, die „Wie gehen wir mit dieser Situation um?" und „Der arme Kerl!" gleichzeitig ausdrückten.

Unser Essen wurde serviert, und die Kakophonie ging weiter. Jetzt rief der Alte von der anderen Seite des Raumes: „Kennst du ‚Backe, backe, Kuchen'? Guter Junge … Weißt du, wie man Kuckuck spielt? He, sieh mal, der weiß, wie man Kuckuck spielt!"

Erik lachte immer weiter und sagte: „Hallo!" Jedes Rufen wurde erwidert. Niemand fand das niedlich. Der Typ war ein Säufer und eine Belästigung. Mir war das Ganze peinlich. Mein Mann Dennis fand es auch mehr als unangenehm. Sogar unser Sechsjähriger sagte: „Warum redet der alte Mann da so laut?"

Dennis stand auf, um zu zahlen und gab mir deutlich zu verstehen, dass ich Erik wegtragen und auf dem Parkplatz auf ihn warten solle. „Herr, lass mich einfach hier raus, bevor er mich oder Erik anspricht", betete ich leise. Ich eilte zur Tür.

Mir wurde schnell klar, dass sowohl der Herr als auch Erik andere Pläne hatten. Als ich dem Mann näher kam, wandte ich ihm den Rücken zu und wollte ihm und seinem Atem ausweichen. Allerdings hefteten sich Eriks

Augen während des Ausweichmanövers an seinen neuen Freund. Er beugte sich weit über meinen Arm und streckte seine beiden Hände in einer für Babys typischen „Nimm mich auf den Arm"-Haltung aus.

In dem Bruchteil einer Sekunde, als ich das Baby im Gleichgewicht halten wollte und mich deswegen drehte, um sein Gewicht abzufangen, trafen meine Augen die des Mannes. Erik warf sich ihm mit weit ausgebreiteten Armen entgegen.

Die Augen des Alten fragten und flehten gleichzeitig: „Dürfte ich das Baby mal halten?"

Ich brauchte gar nicht zu antworten, denn Erik beförderte sich sogleich von meinen Armen in die des Mannes. Plötzlich vollendeten ein sehr alter Mann und ein sehr junges Baby ihre Liebesbeziehung. Erik legte seinen winzigen Kopf auf die zerlumpte Schulter des Mannes. Der Mann schloss seine Augen, und ich sah Tränen unter seinen Wimpern liegen. Sanft, ganz sanft betteten seine gealterten Hände – voller Schmutz und Schmerz und harter Arbeit – den Popo meines Babys ein. Er streichelte seinen Rücken.

Ich war wie vom Blitz getroffen. Der alte Mann wiegte und drückte Erik einen Moment in seinen Armen, dann öffnete er die Augen und blickte mich direkt an. Mit fester, nachdrücklicher Stimme sagte er: „Kümmern Sie sich gut um dieses Baby."

Irgendwie brachte ich es fertig, aus meinem Hals, in dem ein riesiger Kloß war, herauszubringen: „Versprochen."

Er löste Erik von seiner Brust – widerwillig, sehnsüchtig, als schmerze es ihn.

Ich hielt meine Arme hin, um mein Baby entgegenzunehmen. Noch einmal sprach mich der Gentleman an.

„Gott segne Sie, gute Frau. Sie haben mir mein Weihnachtsgeschenk gegeben."

Ich sagte nichts weiter als ein gemurmeltes Dankeschön.

Mit Erik wieder auf dem Arm rannte ich zum Auto. Dennis fragte sich, warum ich weinte und Erik so fest an mich hielt, und warum ich immer wieder sagte: „Mein Gott, mein Gott, vergib mir."

Eine blaue Perlenkette

FULTON OURSLER

An dem Tag, als Jean Grace seine Tür öffnete, war Pete Richards der einsamste Mann in der ganzen Stadt. Vielleicht haben Sie damals sogar etwas über den Vorfall in der Zeitung gelesen, obwohl die beiden nicht namentlich erwähnt wurden und die Geschichte nie so vollständig erzählt wurde, wie ich es hier tue.

Petes Laden war von seinem Großvater gegründet worden. Das kleine Schaufenster war von einem Haufen altmodischer Gegenstände übersät: Armbänder und Medaillons, Goldringe und Silberkästchen, Bilder aus Jade und Elfenbein, Porzellanfiguren.

An diesem winterlichen Nachmittag stand ein Kind dort, die Stirn gegen das Glas gedrückt. Ernste und enorm große Augen begutachteten jeden vergessenen Schatz, als suchten sie nach etwas ganz Besonderem. Schlussendlich richtete das Kind sich zufrieden auf und betrat den Laden.

Das dunkle Innere von Pete Richards Geschäft war sogar noch unordentlicher als das Schaufenster. Juwelenkästchen, Duell-Pistolen, Uhren und Lampen stapelten sich auf den Regalen, und auf dem Boden standen haufenweise Kaminböcke, Mandolinen und Dinge, die schwer zu benennen sind.

Hinter dem Ladentisch stand Pete selbst. Er war noch keine Dreißig, hatte aber schon ein paar graue Haare. Ihm haftete eine gewisse Trostlosigkeit an, als er auf die kleine Kundin blickte, die ihre handschuhlosen Hände auf den Ladentisch legte.

„Mister", begann sie, „ich würde mir gerne mal die blaue Perlenkette ansehen, die im Schaufenster liegt."

Pete schob die Drapierung einen Spalt auf und nahm eine Kette heraus. Die türkisfarbenen Steine schimmerten hell auf seinem blassen Handballen, während er das Schmuckstück vor ihr ausbreitete.

„Die sind genau richtig", sagte das Kind, mehr zu sich selbst. „Können Sie mir das bitte hübsch einpacken?"

Pete musterte sie mit versteinerter Miene. „Kaufst du die für jemand Bestimmtes?"

„Für meine große Schwester, sie kümmert sich um mich. Es ist nämlich das erste Weihnachten nach Mutters Tod. Ich wollte unbedingt das tollste Weihnachtsgeschenk für meine Schwester haben, das es gibt."

„Wie viel Geld hast du denn?", fragte Pete vorsichtig.

Sie war damit beschäftigt gewesen, die Knoten an einem Taschentuch zu lösen. Nun schüttete sie eine Hand voll Pennys auf den Ladentisch.

„Ich habe meine Spardose geleert“, erklärte sie einfach.

Pete Richards sah sie nachdenklich an. Dann zog er die Kette behutsam zurück. Das Preisschild konnte nur er sehen; sie nicht. Wie konnte er es ihr sagen? Der vertrauensvolle Blick ihrer blauen Augen quälte ihn wie der Schmerz einer alten Wunde.

„Einen Moment“, sagte er und wandte sich dem hinteren Teil des Ladens zu. Über die Schulter rief er: „Wie heißt du eigentlich?“ Er war sehr mit etwas beschäftigt.

„Jean Grace.“

Als Pete wieder dorthin zurückkam, wo Jean Grace wartete, lag ein Päckchen in seiner Hand. Es war in scharlachrotes Papier gewickelt und mit einem grünen Band verziert. „Bitteschön“, sagte er knapp. „Verlier es nicht auf dem Nachhauseweg.“

Sie rannte durch die Tür und lächelte ihn dabei glücklich über die Schulter an. Er beobachtete sie beim Weggehen durch das Fenster. Ein Gefühl der Verlassenheit durchflutete ihn.

Jean Grace und ihre blaue Perlenkette hatten in ihm einen tiefen Kummer geweckt, der einfach nicht begraben bleiben wollte. Die Haare des Kindes waren weizenblond, ihre Augen wasserblau, und vor gar nicht so langer Zeit war Pete in ein Mädchen verliebt gewesen, dessen Haare genau dasselbe Blond und dessen Augen genau dasselbe Blau gehabt hatten. Und die türkisfarbene Kette war für sie bestimmt gewesen.

Doch dann gab es eine regnerische Nacht, ein Laster

kam auf einer glatten Straße ins Rutschen und das Leben wurde aus seinen Träumen geschmettert.

Seit damals hatte Pete Richards zu viel Zeit allein mit seinem Kummer verbracht. Er bediente seine Kunden höflich, aber wenn er Feierabend hatte, schien seine Welt unendlich leer. Er versuchte zu vergessen und befand sich dabei in einem Nebel des Selbstmitleids, der Tag für Tag dicker wurde.

Jean Graces blaue Augen rüttelten ihn wach, erinnerten ihn an das, was er verloren hatte. Wegen seines Schmerzes empfand er den Überschwang der Weihnachtseinkäufer als abstoßend. Während der darauffolgenden zehn Tage war das Geschäft belebt: Schnatternde Frauen strömten herein, fingerten an Schmuckstücken herum und versuchten zu handeln. Als der letzte Kunde spät am Heiligabend gegangen war, atmete er erleichtert auf. Für ein weiteres Jahr war es vorbei. Doch für Pete Richards sollte der Abend noch nicht zu Ende sein.

Die Tür öffnete sich und eine junge Frau eilte herein. Mit einem unerklärlichen Schreck stellte er fest, dass sie ihm irgendwie bekannt vorkam, doch konnte er sich nicht erinnern, wo oder wann er sie schon einmal gesehen hatte. Ihre Haare waren goldblond und ihre großen Augen blau. Ohne etwas zu sagen zog sie ein Päckchen aus ihrer Handtasche, das lose in rotes Papier gewickelt war und ein grünes Band bei sich hatte. Einen Moment später lag die blaue Perlenkette wieder funkelnd vor ihm.

„Ist die hier aus Ihrem Laden?", fragte sie.

Pete blickte zu ihr auf und sagte sanft: „Ja, das ist sie."

„Sind die Steine echt?"

„Ja. Nicht die beste Qualität, aber echt."

„Wissen Sie noch, an wen Sie sie verkauft haben?"

„Es war ein kleines Mädchen, sie hieß Jean. Sie kaufte die Kette als Weihnachtsgeschenk für ihre große Schwester."

„Wie viel ist sie wert?"

„Der Preis", sagte er ernst, „ist stets eine vertrauliche Angelegenheit zwischen Verkäufer und Kunde."

„Aber Jean hat immer bloß einige Pennys Taschengeld gehabt. Wie hätte sie denn dafür bezahlen können?"

Pete faltete das farbenprächtige Papier dort, wo man die Knicke noch sehen konnte, und wickelte das kleine Päckchen wieder genauso sorgfältig ein wie zuvor.

„Sie bezahlte den höchsten Preis, den man zahlen kann", sagte er. „Sie gab alles, was sie hatte."

Stille füllte den kleinen Antikladen. Er sah den weit entfernten Kirchturm, eine Glocke begann zu läuten. Der Klang des fernen Glockenspiels, das kleine Päckchen auf dem Ladentisch, die Frage in den Augen des Mädchens und das komische Gefühl der Erneuerung, das im Herzen des Mannes kämpfte, waren alle aufgrund der Liebe eines Kindes zustande gekommen.

„Aber warum haben Sie das gemacht?"

Er reichte ihr das Geschenk.

„Der Weihnachtsmorgen ist schon angebrochen", sagte er, „und leider habe ich niemanden, dem ich etwas geben könnte. Dürfte ich dich nach Hause begleiten und dir an deiner Tür frohe Weihnachten wünschen?"

So kam es, dass Pete Richards und ein Mädchen, dessen Namen er erst noch kennenlernen musste, begleitet von vielen Glocken und inmitten von frohen Menschen, in den großen Tag hinausgingen, der uns allen Hoffnung bringt.

Der Geist des Weihnachtsfestes

NACHERZÄHLT VON MARILYN MCAULEY

Dr. Norman Vincent Peale erzählte einmal die Geschichte eines zwölfjährigen Jungen und dessen Vater, die kurz vor Ladenschluss noch einige Weihnachtseinkäufe tätigten. Sie wurden von der geschäftigen Menge mitgerissen und kamen schnell vorwärts, als der Junge plötzlich zurückschreckte. Ein alter Bettler hatte seinen Arm berührt, in der Hoffnung, etwas Geld von dem Jungen zu bekommen.

Der weise Vater bemerkte die Szene und nahm den Jungen zur Seite, um ihm zu erklären, dass er mehr Mitleid haben solle. Sein Sohn war da anderer Ansicht. Für ihn war der alte Mann nichts weiter als ein schmutziger Penner, sein Vater dagegen sah in ihm einen Menschen. Er drückte einen großen Geldschein in die Hand seines Sohnes und ermutigte den Jungen, ihn dem Bettler dem Geist des Weihnachtsfestes entsprechend zu geben.

Der Junge gehorchte seinem Vater, und als der alte Bettler den großzügigen Betrag entgegennahm, schien er sich aufzurichten. Plötzlich gewann sein Gesicht an Ausstrahlung und seine Augen funkelten. Der Junge fand die drastische Veränderung verblüffend. Der alte Mann verneigte sich vor dem Jungen und dankte ihm – und passend zum Weihnachtsfest fügte er hinzu: „Gott segne dich."

Der Junge lernte eine Lektion, die er zeit seines Lebens nicht vergessen sollte. An jenem Tag erkannte er, dass jede menschliche Seele würdevoll ist, unabhängig von dem äußeren Erscheinungsbild.

Dr. Peale muss das wissen – denn er war dieser Junge.

Die Geburt Christi

PHILIP GULLEY

Meine Schwiegermutter lebt im südlichen Indiana in der Stadt Paoli. Meistens verbringen wir als Familie die Feiertage bei ihr. Die guten Leute in Paoli wissen noch, worum es an Weihnachten geht: Jedes Jahr kurz vor Thanksgiving – also Ende November – schleppt ein Mitarbeiter der Straßenbehörde das Christkind, seine Mama, seinen Papa sowie eine Ansammlung von Vieh und Weisen aus der Abstellkammer und stellt sie auf dem Rasen vor dem Rathaus auf. Die Heilige Familie nimmt ihren Wohnsitz in der südwestlichen Ecke des Platzes ein und niemand wagt es, sich darüber zu beschweren.

Der offizielle Beginn der Weihnachtszeit ist in Paoli jedoch erst, wenn Wilson Roberts sein Kleinkaufhaus geschmückt hat. Das tut er immer am Tag nach Thanksgiving. Jedes Jahr ist es derselbe Schmuck: am Schaufenster klebt eine ausgeschnittene Pappfigur des Rentieres Rudolph, über dem Ladentisch hängt ein Bündel Lametta und neben der Kasse steht ein Eimer mit Zuckerstangen, die noch vom letzten Jahr übrig waren.

An diesem Tag machen sich die Leute von überall aus der Stadt um genau 8.50 Uhr auf den Weg zum Kleinkaufhaus, um mit ihren Weihnachtseinkäufen zu beginnen. Der Menschenzug ist dabei genauso verlässlich wie der jährliche Vogelzug.

Vor einigen Jahren schaute ich auf der Suche nach einem Krippenset dort vorbei. Eine Woche zuvor hatte meine Frau gesagt: „Dieses Haus braucht wirklich ein Krippenset." Also fuhr ich am Tag nach Thanksgiving, während meine Familie sich vom Truthahn-Essen ausruhte, zum Kleinkaufhaus in die Stadt. Es ist ein kleiner Laden, der eigentlich dringend geschlossen werden sollte. Wilsons Motto lautet: „Wir haben es, wenn wir es finden können." Vierzig Jahre Handelsgüter sind bis zur Decke gestapelt, weshalb man manchmal etwas unpassende Entdeckungen macht. Einmal fand ich ein Poster von Michael Jackson neben einem Bauernjahrbuch von 1959.

Ich trat ein und suchte Herrn Roberts. Dieser saß hinten im Laden und rauchte eine Zigarre. Die Asche rieselte auf den Holzboden.

„Ich hätte gern ein Krippenset", sagte ich zu ihm.

Er erwiderte: „Na, dass wir eins haben, weiß ich, nur muss ich es erst mal finden."

Er machte sich auf die Suche. Er schaute bei den Haarnetzen und Haarklemmen. Vergeblich. Er schaute bei den Gartenschläuchen. Vergeblich. Dann drüben bei den Stoffen und Kurzwaren. Auch da war die Heilige Familie nicht zu finden. Er sah bei den Gartenstühlen nach, danach unter dem Süßigkeitenständer, wo er es schließlich auch fand.

Er wischte den Staub von der Schachtel, öffnete sie und führte eine Bestandsaufnahme durch. Eine Krippe, eine kniende Mutter, ein stolzer Vater, drei Weise, ein Schaf, eine Kuh, ein Esel und ein Christkind – alle anwesend und aufgereiht.

„Das macht dann zwölf Dollar“, sagte er mir.

„Wie wäre es mit zehn?“, schlug ich vor. Die Schachtel war angerissen und der Kuh fehlte ein Ohr.

Wilson Roberts blickte mich argwöhnisch an und schob seine Zigarre von einem Mundwinkel in den anderen. Dann sagte er: „Abgemacht.“ So kam es, dass wir jetzt ein Krippenset haben, hergestellt in Frankreich – aus echtem Pariser Gips, steht auf der Schachtel.

Der Tag, an dem ich das Krippenset kaufte, war das letzte Mal, dass ich Wilson Roberts sah. Er starb im darauffolgenden Jahr. Zum Thanksgiving-Essen bei meiner Schwiegermutter fahren wir immer an seinem alten Laden vorbei. Das Kleinkaufhaus hat inzwischen seine Türen geschlossen. Als er starb, starb auch das Geschäft. Dann zog Wal-Mart ein und die Leute reden, als sei das ein Segen. Doch ich bin sicher: Bei Wal-Mart gibt es kein Bauernjahrbuch von 1959.

Ich denke immer noch daran, wie Wilson Roberts zwischen Haarklemmen und Stoffen nach dem Christkind suchte. Manchmal stochern wir bei unserer Suche nach Gott in allen möglichen Ecken herum.

Jedes Jahr zu Weihnachten krame ich unser Krippenset aus dem Abstellraum und stelle es auf das Klavier neben der Eingangstür. Wenn wir dann gestresst herumrennen, um den zu ehren, der uns gesagt hat, dass wir uns um nichts Sorgen machen sollen, können wir innehalten und uns in Erinnerung rufen, worum es an Weihnachten eigentlich geht.

Weihnachten ohne Oma Kay

ROBIN JONES GUNN

„Okay“, stimmte ich meinem Mann Ross zu, „wir laden deine Familie zu Weihnachten ein. Aber das wird bestimmt ziemlich schwer für alle werden, jetzt, da deine Mutter nicht mehr da ist.“

„Ich weiß“, sagte er. „Deswegen sollten wir alle beisammen sein.“ Ich stimmte mehr oder weniger mit ihm überein, doch ich wusste: Ich konnte Kay als Gastgeberin nicht ersetzen. Ich trauerte selbst noch so sehr und glaubte nicht, dass ich an unserem ersten Fest ohne sie für eine schöne Atmosphäre würde sorgen können.

Ich traf alle notwendigen Vorbereitungen – Plätzchen, Dekoration, Geschenke – und hieß an Heiligabend Ross' Familie mit offenen Armen willkommen, während ich mich auf von Trauer überschattete Feiertage einstellte. An dem Abend füllte unsere Verwandtschaft den ganzen hinteren Teil der Kirche. Als wir wieder zu Hause waren, hasteten die Kinder nach oben und Ross rief: „Noch fünf

Minuten!“ Die Erwachsenen machten es sich im Wohnzimmer gemütlich und Ross begann aus Lukas 2 zu lesen.

Beim achten Vers erschien unsere Sechsjährige, Rachel, oben an der Treppe. Sie trug den Bademantel ihres Bruders, ein Tuch auf dem Kopf und hielt ein Kuschelschaf unterm Arm. Sie setzte sich in Positur und starrte die Lampe über dem Esstisch an, als sei gerade ein Engel erschienen.

Mein Schwiegervater gluckste: „Seht sie euch an! Man könnte meinen, dass sie tatsächlich Himmelsstimmen hört!“

Als Nächstes kam Maria, eine meiner Nichten, die das blaue Brautmädchenkleid anhatte, das ich zur Hochzeit meiner Schwester getragen hatte. Da wusste ich, dass die Kinder an meinen Kleiderschrank gegangen waren. Das Christkind aus Plastik passte genau unter den weiten Rock des blauen Kleides. Mein Sohn trat als Josef auf und drehte seinen Kopf diskret zur Seite, als Maria ihren Erstgeborenen auf dem Wohnzimmerboden „hervorbrachte“, ihn in ein Spültuch wickelte und in den Wäschekorb legte.

Wir nahmen etwas Aufruhr wahr, als Ross Matthäus 2 aufschlug und das Stichwort für die Weisen las. Er wiederholte, lauter diesmal: „Wir haben seinen Stern gesehen im Morgenland und sind gekommen, ihn anzubeten.“

Einer meiner Neffen, die in die siebte und achte Klasse gingen, flüsterte: „Geh du zuerst!“ und schob seinen älteren Bruder aus dem Schlafzimmer, sodass alle ihn sehen konnten. Langsam kam der höchste Weise herab. Er hatte Rachels schwarzes Ballettröckchen als Kopfbedeckung auf und trug eine große Flasche Rapsöl.

Die Erwachsenen brachen in schallendes Gelächter aus. Ich lachte mit, bis mir dämmerte, was er anhatte. Es war ein goldenes Brokatkleid, mit Perlen und Ziermünzen geschmückt, die sich um den Halsausschnitt wanden und die gesamte linke Seite hinabschimmerten. Offensichtlich hatten die Kinder die Säcke durchgesehen, die ich mit nach Hause gebracht hatte, nachdem wir Kays Schrank leergeräumt hatten: Säcke voller Schuhe und Hüte, ein paar Kleider und einige Schals, die immer noch nach ihr rochen.

Das Gelächter ebbte schnell ab, als mein Schwiegervater sagte: „He, das ist doch Kays Kleid! Warum trägst du denn ihr Kleid?“

Von ihrer Stellung oben an der Treppe aus schaute Rachel zu Opa. „Oma hat nichts dagegen, wenn wir es benutzen“, sagte sie. „Das weiß ich ganz bestimmt.“

Wir alle tauschten stumm Blicke aus.

Ich bezweifelte nicht, dass Rachel bei ihrer Oma einen Stein im Brett hatte. Kay war am Tag ihrer Geburt dagewesen, hatte die ganze Nacht im Krankenhaus gewartet und eine Vase mit zwei rosa Rosen gehalten, die sie in ihrem Garten gepflückt hatte. Die Rosen hatte sie durch zwei Flughäfen und auf dem einstündigen Flug bei sich getragen und dabei jedem erzählt, zu wem sie reiste: „Zu meinem Sohn, seiner Frau, meinem Enkel und der Enkelin, auf die ich gewartet habe.“

Damals schlief ich mit den zwei rosa Rosen auf meinem Nachttisch und meiner Kleinen neben mir in der Wiege. Als ich früh am Morgen aufwachte, um meinen sich windenden, schreienden Säugling zu stillen, bemerkte ich einen roten Fleck auf seiner Wange. War es Blut? Vielleicht ein Muttermal, das mir vorher nicht aufgefallen war?

Nein, es war Lippenstift. Oma Kay war ihre erste Enkelin irgendwann in der Nacht besuchen gekommen.

Es war auch Oma Kay, die Rachel den dreifachen stillen Händedruck beibrachte. Ein Quetsch-Quetsch-Quetsch der Hand bedeutet „Ich liebe dich." Meine Einführung in den Händedruck bekam ich in der bräutlichen Umkleidekabine an meinem Hochzeitstag. Mitten in all dem Wirbel ließ sie ihre Hand leise in die meinige gleiten und drückte dreimal. Danach sollte ich den stillen Händedruck noch viele Male spüren. Wir alle bekamen ihn.

Als uns dann letztes Jahr der Anruf erreichte, dass Kay in ein diabetisches Koma gefallen sei, nahm Ross den nächsten Flug zu ihr. Unsere Kinder und ich beteten, dass Kay noch einmal davonkommen würde, wie es in den vorausgegangenen zwei Jahren schon oft der Fall gewesen war. Doch diesmal schaffte Kay es nicht. Nach einer Woche kämpften wir damit, die Diagnose des Arztes zu akzeptieren, dass es sich nur noch um Tage handeln könne. Mehr als Warten konnten wir nicht tun, und die Kinder schienen das zu verstehen.

Eines Nachts während jener Woche konnte Rachel nicht schlafen. Ich nahm sie mit zu mir ins Bett, aber sie wurde einfach nicht ruhig. Weinend sagte sie, dass sie mit ihrer Oma reden wolle.

„Papa kann doch einfach das Telefon an ihr Ohr halten“, bettelte sie. „Sie wird mich schon hören, das weiß ich.“

Es war 22.30 Uhr. Ich rief das Krankenhaus an und bat, zu Kays Zimmer durchzustellen. Mein Mann ging an ihrer Bettseite an den Apparat. Ich sah zu, wie meine Tochter sich aufrecht hinsetzte und einmal tief durchatmete.

„Okay, Rachel“, sagte mein Mann. „Du musst schön laut sprechen, weil hier viele laute Maschinen sind, die Oma beim Atmen helfen.“

„Oma, ich bin’s, Rachel!”, rief sie. „Ich wollte dir nur gute Nacht wünschen. Wir seh’n uns dann im Himmel.“

Rachel reichte mir das Telefon und kuschelte sich unter die Decke. „Oh“, sagte sie und sprang auf. „Sag Papa, er soll Omas Hand dreimal von mir drücken.“

Zwei Tage später starb Oma Kay …

Am Heiligabend nun war Rachel in unserem schneebedeckten Haus die Erste, die die Erinnerung an Oma zu einem Teil unseres Festes machte.

„Echt, Opa“, wiederholte sie. „Oma hätte nichts dagegen.“

Wir wussten alle, dass Rachel recht hatte. Oma Kay hätte es nichts ausgemacht, wenn ihre Enkel Freude an einer ihrer Habseligkeiten hatten. Selbst wenn das Kleid mit purem 14-Karat-Gold bestickt gewesen wäre, hätte es Oma Kay kein bisschen gestört.

Opa nickte. Die Vorführung ging weiter. Die nächste weise Gestalt stolzierte die Treppe hinab, wobei sie über ihren viel zu großen Bademantel stolperte. Sie brachte eine Packung Speisesalz und legte sie vor dem Wäschekorb nieder.

Mein Mann las davon, wie die Hirten zurückkehrten. Sie „priesen und lobten Gott für alles, was sie gehört und gesehen hatten, wie es ihnen gesagt worden war."

Dann verneigten sich die Schauspieler und drängten zur Küche, wo sie darüber stritten, wer die Kerze auf Jesu Geburtstagskuchen anzünden durfte.

Als wir „Happy Birthday to Jesus" anstimmten, blickte ich auf die kleine Hirtin hinab, die neben mir stand.

Rachels kleine warme Hand schmiegte sich in meine Hand. Dreimal spürte ich ein stilles Drücken, und da wusste ich, dass auch Oma Kay bei uns war.

„Wo ist das Christkind?“

JEANNIE S. WILLIAMS

Letzten Dezember war ich in richtiger Weihnachtsstimmung und schmückte das Haus ausgiebig und kunstvoll. Unser Zuhause gehörte zu einem „Weihnachten der offenen Häuser“, das von den Frauen unserer Kirchengemeinde gesponsert wurde, um Geld für eine örtliche Hilfsorganisation zu sammeln.

Während der Besichtigungstour bemerkte eine Frau das kleine Krippenset auf meinem Schreibtisch und bewunderte dessen Einfachheit und Schönheit. Nachdem sie es genauer betrachtet hatte, sah sie die leere Krippe und fragte: „Wo ist denn das Christkind?“

Ihre Frage weckte Erinnerungen an das Jahr, in dem ich das kaputte Krippenset kaufte.

Ich war in dem Jahr sehr verbittert und entmutigt, weil sich meine Eltern nach sechsunddreißig Jahren Ehe scheiden ließen. Ich konnte ihre Entscheidung, sich zu trennen, nicht akzeptieren und wurde depressiv. Dabei erkannte ich nicht, dass sie gerade jetzt meine Liebe und mein Verständnis nötiger hatten denn je.

Meine Gedanken kreisten ständig um Kindheitserinnerungen: der riesengroße Weihnachtsbaum, der funkelnde Schmuck, die tollen Geschenke und die Liebe, die uns als Familie verband. Jedes Mal, wenn ich an jene Momente dachte, brach ich in Tränen aus, war ich mir doch sicher, dass ich nie wieder in echte Weihnachtsstimmung kommen würde.

Meine Kinder befürchteten schon, es würde dieses Jahr keinen Schnee zu Weihnachten geben. Doch zwei Tage vor dem Fest fing es an zu schneien. Wunderschön und still kam die weiße Pracht am Morgen und hatte gegen Abend schon alles bedeckt. Ich musste in die Stadt, um Geschenkpapier und Geschenkband zu kaufen, aber mir war überhaupt nicht danach. Selbst der frische Schnee rief Erinnerungen an die Vergangenheit wach.

Das Geschäft war voller Menschen, die noch ihre letzten Weihnachtseinkäufe erledigten. Sie drängten, schubsten und beschwerten sich, während sie gierig Artikel von den Regalen und Ständern rissen und sich gar nicht erst bemühten, ungewollte Artikel wieder an ihren Platz zu bringen. Weihnachtskerzen und Schmuck baumelten aus offenen Schachteln, und die wenigen Puppen und Stofftiere erinnerten mich an vernachlässigte Waisen, die kein Zuhause hatten. Ein kleines Krippenset war vor meinem Einkaufswagen auf den Boden gefallen. Ich hielt an, um es zurück ins Regal zu stellen.

Ein Blick auf die endlose Schlange an der Kasse sagte

mir, dass die Sache es nicht wert war, und ich war gerade drauf und dran zu gehen, da hörte ich plötzlich, wie eine laute, grelle Stimme hinter mir schrie:

„Sarah! Nimm sofort das Ding da aus dem Mund!"

„Aber Mama, ich hab' es gar nicht in den Mund gesteckt! Siehst du, Mama? Ich hab's nur geküsst. Guck mal, das ist das Christkind!"

„Das ist mir ganz egal, was das ist. Leg das sofort wieder hin, hast du gehört?"

„Aber guck doch mal, Mama", beharrte das Kind. „Das ist kaputt. Das ist eine kleine Krippe und das Christkind ist abgebrochen!"

Ich musste schmunzeln, als ich mir das Gespräch vom gegenüberliegenden Gang anhörte, und wollte das Mädchen gerne sehen, das das Christkind geküsst hatte. Unauffällig schob ich einige Kartons beiseite und spähte durch die Lücke zwischen den Regalen.

Sie schien vier oder fünf Jahre alt zu sein und war für das kalte, nasse Wetter nicht richtig angezogen. Statt einer Jacke trug sie einen sperrigen Pullover, der mehrere Größen zu weit für ihren kleinen, schmalen Körper war. Die Enden ihrer geflochtenen Zöpfe waren mit leuchtend-buntem Garn festgebunden, wodurch sie trotz ihrer zerlumpten Kleidung einen heiteren Eindruck machte.

Ich sah ihr weiter zu, als sie die kleine Puppe an ihre Wange schmiegte. Dann fing sie zu summen an. Ich erkannte die Melodie, und ganz langsam füllten meine Augen sich mit Tränen. Eine weitere Erinnerung aus der Kindheit, ein vertrautes Lied: „Im Stall in der Krippe 'ne

Wiege aus Streu, legt kleiner Herr Jesus sein Köpfchen auf Heu." Sie hatte aufgehört zu summen und sang nun sanft die Worte.

Widerwillig richtete ich meine Augen auf die Mutter. Sie schenkte dem Kind keine Beachtung, sondern schaute begierig die herabgesetzten Winterjacken durch, die bei der Kasse am Rabatt-Ständer hingen. Wie ihre Tochter war sie schäbig gekleidet, und ihre zerrissenen, schmutzigen Turnschuhe waren nass vom kalten Schmelzschnee. In ihrem Einkaufswagen lag ein kleines Baby, behaglich eingehüllt in eine dicke, ausgewaschene gelbe Decke und schlief friedlich.

„Mama!", rief das Mädchen ihr zu. „Können wir dieses kleine Christkind kaufen? Wir könnten es auf den Sofatisch stellen und wir könnten …"

„Ich hab dir gesagt, du sollst das Ding weglegen!", unterbrach sie ihre Mutter. „Mach, dass du herkommst, und zwar dalli, sonst gibt's was hinten drauf. Hast du gehört?"

„Aber Mama!", rief das Kind. „Bestimmt könnten wir es ganz billig kriegen, weil es kaputt ist. Du hast gesagt, einen Weihnachtsbaum bekommen wir nicht. Können wir dann nicht wenigstens diesen kleinen Jesus hier kaufen? Bitte, Mama, bitte!" Ärgerlich lief die Mutter auf das Kind zu und ich wandte mich ab. Ich wollte nicht hinsehen, da ich dachte, sie würde ihre Drohung wahrmachen und das Kind bestrafen. Ein paar Sekunden verstrichen, während ich angespannt wartete, aber ich nahm kein Geräusch vom gegenüberliegenden Gang wahr.

Keine Bewegung, keine Schelte. Einfach Stille. Verdutzt schielte ich aus dem Augenwinkel und stellte überrascht fest, dass die Mutter auf dem nassen, schmutzigen Boden kniete und das Kind nahe an ihren zitternden Körper hielt. Sie versuchte etwas zu sagen, brachte jedoch lediglich ein verzweifeltes Schluchzen heraus, und das kleine Mädchen schien ihren Kummer zu verstehen.

„Wein nicht, Mama!", bat sie. Sie schlang ihre Ärmchen um ihre Mutter, schmiegte ihren Kopf an die verblichene Jacke der Frau und entschuldigte sich eifrig für ihr Benehmen. „Es tut mir leid, dass ich hier im Laden nicht artig war. Ich verspreche, ich werde um nichts mehr betteln! Ich will das kleine Christkind hier auch gar nicht, wirklich, will ich gar nicht! Guck, ich tu es hier zurück in die Krippe. Bitte weine nicht mehr, Mama!"

„Es tut mir auch leid, Liebling", sagte ihre Mutter schließlich. „Du weißt, dass ich momentan nicht genug Geld habe, um irgendetwas extra zu kaufen. Und ich weine einfach, weil ich mir wünschte, ich könnte – ist ja immerhin Weihnachten und so –, aber wenn du versprichst, ein braves Mädchen zu sein, wird der liebe Weihnachtsmann dir vielleicht das kleine Spielzeuggeschirr bringen, das du haben wolltest. Und vielleicht können wir uns nächstes Jahr sogar einen richtigen Weihnachtsbaum holen. Wie wäre es damit, was meinst du? Komm, lass uns nach Hause gehen, ehe Jackie aufwacht und auch noch zu heulen anfängt." Sie lachte sanft, drückte ihre Tochter an sich und küsste sie kurz auf die Stirn.

Das Mädchen hielt immer noch die kleine Puppe in ihren Händen. Sie wandte sich um und legte sie zurück ins Regal. Sie strahlte vor Vorfreude. Die Aussicht, der Weihnachtsmann könne ihr eine Geschirrsammlung bringen, war alles, was sie brauchte, um wieder glücklich zu sein.

„Weißt du was, Mama?", verkündete sie begeistert. „Ich brauch' die kleine Jesus-Babypuppe hier sowieso nicht. Weißt du, warum? Weil die Kinderstundentante gesagt hat, dass das Jesus-Baby in echt in unseren Herzen wohnt!"

Ich schaute auf das Krippenset. Mir wurde bewusst, dass ein vor ungefähr zweitausend Jahren in einem Stall geborenes Baby eine Person war, die auch heute noch mit uns geht, die ihre Gegenwart zu erkennen gibt und uns durch die Schwierigkeiten des Lebens führt, wenn wir es nur zulassen. Ich wusste: Um an dem herrlichen Wunder von Weihnachten teilzuhaben und Gott in Christus zu erkennen, musste ich ihn erst einmal in meinem Herzen erleben.

„Danke, Gott", begann ich zu beten. „Danke für eine wundervolle Kindheit, die voller kostbarer Erinnerungen ist, und für Eltern, die mir ein Zuhause schafften und mir die Liebe gaben, die ich in den wichtigsten Jahren meines Lebens so nötig hatte. Doch am meisten danke ich dir, dass du deinen Sohn gegeben hast."

Schnell nahm ich die Teile des Krippensets und eilte zur Kasse. Ich erkannte eine der Verkäuferinnen und bat sie, die Puppe dem kleinen Mädchen zu geben, die gerade zusammen mit ihrer Mutter das Geschäft verließ. Ich erklärte, dass ich die Puppe später bezahlen würde. Ich beobachtete, wie das Kind das Geschenk entgegennahm, und dann sah ich, wie sie „Baby Jesus“ einen weiteren Kuss gab und durch die Tür ging.

Einmal mehr steht Weihnachten vor der Tür. Weihnachten: eine Zeit des Fröhlich-Seins, eine Zeit des Gebens, eine Zeit des Erinnerns!

Das kleine kaputte Krippenset, das ich mir an dem Abend zulegte, schmückt zu Weihnachten immer meinen Schreibtisch. Es steht dort, um mich an ein Kind zu erinnern, dessen einfache Worte mein Leben berührten.

Es war einmal zur Weihnachtszeit

Es ist gut, zuweilen Kind zu sein,
und vorzüglich zu Weihnachten,
da der Urheber dieses Festes
selbst noch ein Kind war.

Charles Dickens

Die Legende des Weihnachtsapfels

Ruth Sawyer

In Deutschland lebte einmal ein kleiner Uhrmacher namens Hermann Joseph. Er wohnte in einem kleinen Zimmer mit einer Arbeitsbank, seinen Werkzeugen, einer Truhe für sein Holz, einem Schrank für sein Geschirr und einem Rollbett unter der Bank. Außerdem stand dort noch ein Hocker, und das war alles – außer den Uhren.

Viele hundert Uhren waren dort: kleine und große, geschnitzte und schlichte, einige hatten Zifferblätter aus Holz und andere aus Porzellan; Schrankuhren, Kuckucksuhren, Uhren mit und ohne Glockenspiel; und alle hingen sie an den Wänden, deckten sie schier zu.

Vor seinem einzigen Fensterchen befand sich ein kleines Regal, auf dem Hermann den Passanten seine besten Uhren präsentierte. Oftmals hielten sie an und guckten, und jemand rief: „Schaut, Hermann Joseph hat eine neue Uhr gemacht. Die ist noch besser als die anderen!"

Wenn jemand dann eine Uhr haben wollte, kam er herein and kaufte sie.

Ich sagte, Hermann sei ein kleiner Uhrmacher gewesen. Das war deshalb so, weil er einen krummen Rücken und schiefe Beine hatte, wodurch er sehr klein wirkte und etwas komisch aussah. Doch es gab in der ganzen Stadt kein freundlicheres Gesicht, und die Kinder waren richtig in ihn verliebt. Wann immer ein Spielzeug kaputt war oder einer Puppe ein Arm, Bein oder Auge fehlte, brachte ihr unbekümmertes Mütterchen sie sofort in Hermanns kleinen Laden.

„Das Kindlein muss geflickt werden", sagte es dann. „Könnten Sie mir das gleich machen?"

Egal, womit Hermann gerade beschäftigt war – stets legte er seine Arbeit beiseite und reparierte die kaputte Spielsache oder Puppe, und nie nahm er auch nur einen Pfennig für die Reparatur.

„Kauf dir ein paar Bonbons davon oder spar es dir besser noch für die Weihnachtszeit auf. Vielleicht bringt es dir dann etwas Freude", sagte er immer.

Nun gab es in der Stadt schon seit Langem den Brauch, dass die Bewohner zu Weihnachten Geschenke in die große Kathedrale brachten und sie vor die Heilige Mutter und ihr Kind legten. Das ganze Jahr lang sparten die Leute, damit sie an dem Tag etwas ganz Besonderes bringen konnten; und man sagte untereinander, dass sich das Kind von Marias Arm hinabbeugen und das Geschenk an sich nehmen würde, wenn es an ihm mehr Gefallen fände als an allen anderen Geschenken.

Natürlich war das nur Gerede. Der alte Herr Graff, der älteste Mann in der Stadt, konnte sich nicht entsinnen, dass es jemals tatsächlich passiert war; und viele Leute machten sich sogar über die ganze Angelegenheit lustig. Die Kinder sprachen jedoch oft davon, und die Dichter schrieben feine Verse darüber; und wenn ein teures Geschenk neben den Altar gelegt wurde, flüsterten die Zuschauer häufig zueinander: „Vielleicht werden wir jetzt ein Wunder sehen."

Wer kein Geschenk hatte, das er bringen konnte, ging an Heiligabend trotzdem zur Kathedrale, um die Geschenke der anderen zu betrachten, Weihnachtslieder zu singen und die Wachskerzen leuchten zu sehen. Der kleine Uhrmacher war einer von ihnen. Er wurde häufig angesprochen und gefragt: „Warum bringen Sie eigentlich nie ein Geschenk?" Einmal vernahm ihn sogar der Bischof persönlich: „Ärmere als Sie haben dem Kind eine Opfergabe gebracht. Wo ist Ihre Gabe?"

Da hatte Hermann geantwortet: „Wartet. Eines Tages werdet Ihr es sehen. Auch ich werde eines Tages ein Geschenk bringen."

Die Sache war die: Jedes Jahr teilte der Uhrmacher seine Habseligkeiten derart freigiebig aus, dass er zur Weihnachtszeit nichts mehr übrig hatte. Aber er hatte eine wunderbare Idee, an der er jede Minute arbeitete, die er von seiner Uhrenmacherei frei bekommen konnte. Er hatte jahrelang dafür gebraucht. Keiner wusste etwas davon, nur Trude, das Nachbarskind. Trude war inzwischen von einem Baby zu einer kleinen Hausmutter herangewachsen, und das Geschenk war immer noch nicht fertig.

Es handelte sich um eine Uhr: die wunderbarste und schönste Uhr, die je gemacht worden war. Jedes Teil an ihr wurde mit liebevoller Fürsorge gefertigt. Er hatte Jahre gebraucht, um das Gehäuse und die Zeiger zu schnitzen, Jahre, um das Werk zu vervollkommnen; und nun wusste Hermann, dass er es mit ein bisschen Eile für das kommende Weihnachtsfest fertig bekommen könnte.

Er reparierte weiterhin das Spielzeug der Kinder, aber er machte keine normalen Uhren mehr, wodurch auch weniger zu verkaufen waren. Oft blieb sein Schrank leer und er ging ohne Abendbrot zu Bett. Doch das machte ihn lediglich etwas dünner und sein Gesicht noch etwas freundlicher; und unterdessen gewann die Geschenkuhr immer mehr an Schönheit.

Sie war einem groben Stall nachempfunden, mit Dachsparren, Tierboxen und der Krippe. Die Heilige Mutter kniete neben der Krippe, in der das winzige Christuskind lag, während die anderen gerade durch die offene Tür kamen. Drei waren Könige, drei waren Hirten, drei waren Soldaten und drei waren Engel; und zur vollen Stunde kniete die Figur vor dem Christkind nieder, begleitet von dem „Magnifikat" auf dem silbernen Glockenspiel.

„Du siehst", sagte der Uhrmacher zu Trude, „wir sollten nicht nur sonntags und an Feiertagen daran denken, das Christkindlein anzubeten und ihm Geschenke zu bringen, sondern jeden Tag, zu jeder Stunde."

Die Tage vergingen wie Wolken, die von einem Winterwind vertrieben werden, und endlich war die Uhr fertig. Hermann war so glücklich über seine Arbeit, dass er die Geschenkuhr auf das Regal vor das kleine Fenster stellte, um sie den Passanten zu zeigen. Den ganzen Tag lang gab es ein richtiges Gedränge an Leuten, die sich die Uhr anschauten, und viele flüsterten: „Denkt ihr, das könnte das Geschenk sein, von dem Hermann gesprochen hat, seine Opfergabe für die Kirche zu Heiligabend?"

Der Tag vor Weihnachten kam. Hermann säuberte seinen kleinen Laden, zog all seine Uhren auf, bürstete seine Kleider ab und ging dann noch einmal hinüber zu seiner Geschenkuhr, um sicherzugehen, dass alles makellos war.

‚Neben den anderen Geschenken wird sie nicht zu gering aussehen', dachte er zufrieden. In der Tat war er dermaßen zufrieden, dass er mit Ausnahme eines Pfennigs all sein Geld einem Bettler gab, der an seiner Tür vorbeikam. Dann erinnerte er sich: Er hatte seit dem Frühstück ja noch nichts gegessen! Und so gab er seinen letzten Pfennig für einen Weihnachtsapfel aus, den er zusammen mit einer Brotkruste, die er noch hatte, essen wollte. Er legte sie auf den Schrank, um sie nach dem Anziehen zu essen, da öffnete sich die Tür. Trude stand dort und weinte leise.

„Kindlein, Kindlein, was fehlt dir denn?" Und er nahm sie in den Arm.

„Es ist wegen Vater: Er ist verletzt, und alles Geld, das

wir für den Baum und die Süßigkeiten und Spielsachen beiseitegelegt hatten, wurde für den Herrn Doktor gebraucht. Wie soll ich das bloß den Kindern beibringen? Sie haben schon die Kerze am Fenster angemacht und warten auf das Christkindl."

Der kleine Uhrmacher lachte heiter.

„Komm, komm, Kleines, das wird schon. Hermann wird eine Uhr für dich verkaufen. Irgendein Haus in der Stadt braucht bestimmt eine Uhr, und im Nu haben wir genug Geld für den Baum und das Spielzeug. Geh heim und singe."

Er knöpfte seinen großen Mantel zu, nahm die beste seiner alten Uhren und ging nach draußen. Als Erstes schaute er bei den reichen Kaufleuten vorbei, doch ihre Häuser waren schon voller Uhren; dann bei den Handwerksgesellen, doch sie sagten, seine Uhr sei altmodisch. Er stellte sich sogar an die Straßenecke und auf den Marktplatz und rief: „Eine Uhr, eine gute Uhr zu verkaufen", doch keiner achtete auf ihn. Zum Schluss nahm er all seinen Mut zusammen und ging zu Herrn Graff höchstpersönlich.

„Möchte Eure Exzellenz eine Uhr kaufen?", sagte er, wobei er wegen seiner Kühnheit zitterte. „Ich würde nicht fragen, nur ist es Weihnachten und ich muss einigen Kindern etwas Freude kaufen."

Da lächelte Herr Graff.

„Ja, ich kaufe gern eine Uhr, aber nicht diese hier. Ich zahle tausend Gulden für die Uhr, die Sie in den letzten vier Tagen im Schaufenster stehen hatten."

„Aber Eure Exzellenz, das geht leider nicht!“ Und der arme Hermann zitterte schlimmer als zuvor.

„Ach was! Alles geht, wenn man es will. Die Uhr oder keine. Gehen Sie nach Hause, ich lasse in einer halben Stunde danach schicken und Sie bekommen Ihre Gulden.“

Der kleine Uhrmacher stolperte zur Tür hinaus.

„Alles, nur das nicht! Alles, nur das nicht!“, murmelte er auf dem Nachhauseweg immer wieder zu sich selbst. Als er allerdings am Nachbarhaus vorbeikam, sah er die Kinder mit ihrer brennenden Kerze am Fenster sitzen und er hörte Trude singen.

Und so geschah es, dass Herr Graffs Diener kam und mit der Geschenkuhr wieder ging. Der Uhrmacher wollte jedoch nur fünf der tausend Gulden haben, um sie Trude geben zu können. Und als der Diener die Straße hinauf verschwand, fingen die Glocken der großen Kathedrale an zu spielen, und die Straßen lärmten plötzlich mit den ganzen Menschen, die dort hingingen und ihre Weihnachtsgaben brachten.

„Ich bin schon zuvor mit leeren Händen gegangen“, sagte der kleine Uhrmacher traurig. „Ich kann einmal mehr mit leeren Händen gehen.“

Als er sich umdrehte, um die Schranktür hinter sich zu schließen, fielen seine Augen auf den Weihnachtsapfel, und ein sonderbares Lächeln schlich sich in seine Mundwinkel und erhellte seine Augen.

„Das ist mein ganzes Hab und Gut, mein Abendbrot für zwei Tage. Ich werde das dem Christkind bringen.

Immerhin ist es besser, als mit völlig leeren Händen zu gehen."

Wie friedevoll und von perfekter Schönheit die große Kathedrale doch war, als Hermann sie betrat! Tausend dünne Wachskerzen brannten darin, und überall hing der süße Duft des Weihnachtsgrüns – und dann war da noch der volle Altar vor der Heiligen Mutter und dem Kind.

Diesmal hatte man teurere Gaben gebracht, als es sie in vielen Jahren gegeben hatte: fantastisch gehämmerte Gefäße von den besten Silberschmieden; Gold- und Seidenstoffe, die Händler aus dem Osten gebracht hatten; Dichter hatten ihre Lieder auf dicken Pergamentrollen präsentiert; Künstler hatten ihre Bilder von Heiligen und der Heiligen Familie gebracht; sogar der König selbst hatte seine Krone und sein Zepter gebracht und sie vor das Kind gelegt. Und nach all diesen Opfergaben kam der kleine Uhrmacher, schritt langsam den langen, schwach beleuchteten Gang hinunter und klammerte sich fest an seinen Weihnachtsapfel.

Die Leute sahen ihn und ein Gemurmel kam auf. Einen Moment lang summte es unverständlich durch die Kirche, dann konnte man es klar und deutlich hören: „Pfui! Schaut, er ist zu geizig, um seine Uhr zu bringen! Er hortet sie wie ein Geizhals es mit seinem Golde tut. Schaut, was er bringt! Pfui!"

Die Worte erreichten Hermann, doch er humpelte weiter. Sein Kopf hing fast auf seiner Brust, seine Hände suchten nach dem Weg. Die Entfernung kam seinem gekrümmten Leib wie eine Ewigkeit vor. Er merkte, dass er jetzt an den Sitzen vorbei war; nun berührten seine Füße die erste Stufe, und hinauf zum Altar gab es insgesamt sieben Stufen. Würden seine Füße je oben ankommen?

„Eins, zwei, drei", zählte er im Stillen. „Vier, fünf, sechs." Gleich hatte er es geschafft. Nur noch eine.

Das Gemurmel der Schande verklang und stattdessen erhob sich ein Geräusch des Staunens und der Ehrfurcht. Jäh konnte man die Worte vernehmen: „Das Wunder! Es ist das Wunder!"

Die Leute in der großen Kathedrale gingen auf die Knie, der Bischof hob seine Hände im Gebet. Und der kleine Uhrmacher, auf die letzte Stufe wankend, schaute auf und sah, wie sich das Kind mit ausgestreckten Händen ihm entgegenneigte, weit hinunter von Marias Arm, um das Geschenk entgegenzunehmen.

Die Legende des ersten Weihnachtsbaumes

JONI EARECKSON TADA

Eines klaren Heiligabends spazierte Martin Luther auf dem Nachhauseweg durch einen Wald. Jenseits der frischen, duftenden, immergrünen Äste konnte er das Funkeln von tausend Sternen sehen. Die Äste kamen Luther so vor, als trügen sie Sterne an ihren Fingern. Es muss ein hübscher Anblick gewesen sein. Und an diesem besonderen Abend war es ein Erlebnis von Gottes Pracht, das er mit seiner Familie teilen wollte.

Er fällte einen kleinen Tannenbaum und nahm ihn mit sich nach Hause. Während seine Kinder fasziniert zusahen, zündete Luther einige Kerzen als Sterne an und steckte sie auf die Zweige des kleinen Baumes. An jenem Abend hat sich die Familie wohl um den Baum versammelt und ihrem Herrn staunend Hymnen gesungen.

Obwohl man nicht weiß, ob das wirklich der erste Weihnachtsbaum gewesen ist, haben Christen diese Tradition von Generation zu Generation weitergegeben. In den Augen vieler steht der immergrüne Baum – *lignum vitae* auf Latein, übersetzt „Lebensbaum“– für manch wunderbare Wahrheit aus der Schrift, sind seine grünen, lebendigen Äste in der kalten, öden Jahreszeit doch ein lebhaftes Symbol für die Auferstehung.

Der Weihnachtsgast

Frei nach „How the Great Guest Came“ von Edwin Markham

Es geschah im Dezember während der Festlichkeit,
Zwei Nachbarn besuchten ein' Freund aus alter Zeit,
Sie fanden sein Geschäft, sonst arm und betrüblich,
Jetzt heiter geschmückt mit Zweigen gemütlich,
Und Conrad saß dort, sein Gesicht voller Glanz –
Aufhören zu winden tat er seinen Kranz,
Und sprach: „Freunde, heut' vor dem Morgengebete,
Als der Hahn die Nacht ins Gestern krähte,
Erschien der Herr mir, ja, im Träumelein –
Sprach: „Dein Gast, der werd' ich heute sein!“
So wurd' ich dann fleißig, die Füße geschwind,
Streute Tannen im Laden, wie Äste im Wind.
Der Tisch ist gedeckt und der Kessel geputzt,
Und der Strauß, der hängt unter'm Dach fein gestutzt –
Und nun wart' ich drauf, dass mein Herr hier erscheine,
Ich spitze die Ohren, zu hör'n noch so kleine
Schritte von ihm, wie er naht mein' Besitz –
Dann öffn' ich die Tür und sehe sein Antlitz.“

So gingen die Freunde und ließen Conrad allein,
Denn sein glücklichster Tag, der sollte dies sein.
Für lange Zeit, seit seine Familie verschieden,
Hatte Conrad die traurige Weihnacht gemieden.
Doch er wusste, als Gast den Herrn zu haben,
Konnte nur heißen, sich am Feste zu laben.
So hörte er hin, das Herz voller Freuden,
Keinen Moment wollte er jetzt vergeuden,
Stand auf und sah bei der Tür nach dem Herrn,
Der Traum sollte wahr sein, das wollte er gern.

Er rannte zum Fenster, weil ein Geräusch er vernahm,
Doch draußen im Schnee, der dalag wie Rahm,
War nichts als ein Bettler, seine Schuh' ganz zerrissen,
Und bei all seinen Kleidern war etwas zu missen;
Es berührte Conrad, den Mann so zu seh'n,
Er rief aus der Tür: „Frier'n tun deine Zeh'n –
Komm rein und lass dir Schuh' von mir machen,
Und auch eine Jacke, ein paar warme Sachen."

Mit Dank im Herz' ging der Mann auf den Weg,
Doch Conrad sah, es war ach schon so spät;
Er fragte sich, warum der Herr noch nicht kam,
Das Warten wurde ihm langsam zum Gram –
Da hörte er's klopfen und rannte zur Tür,
Sah leider jedoch nur ein' Fremden dafür,
Eine alte Frau, sie musste sich bücken,
Um zu tragen das Zündholz auf ihrem Rücken.
Sie wollte nur ruh'n, sagte sie, gar nicht mehr.
Doch der große Gast, braucht's er nicht hier leer?

Ihre Stimme flehte: „Bitte, schick mich nicht fort,
Lass mich ruh'n eine Weile an diesem Ort."
Sodann machte Conrad ihr ein dampfend' Gebräu
Und bat sie zu Tische: „Komm, iss ohne Scheu."
    Doch nachdem sie gegangen, ergriff ihn Entsetzen,
Er schaute zur Uhr, die Zeiger, sie hetzten,
Und der Herr war nicht da, wie er hatte versprochen.
Conrad konnte nicht glauben, dass sein Wort er gebrochen,
Als aus der Stille, einen Schrei er vernahm:
„Hilf mir, o hilf mir, ich bin hier so einsam."
Er öffnete wieder sein freundliches Tor
Und war enttäuscht wie schon zweimal zuvor.
Da stand bloß ein Kinde, welch armer Haufen,
Hatte sich hier zu Weihnacht' verlaufen.
Wieder ward Conrad das Herze schwer,
Ihr Freude zu bringen, das war sein Begehr.
So rief er sie rein und wusch ihr die Wange,
Sprach ihr gut zu und nahm ihre Bange.
Dann führte er sie die Strecke nach Haus,
Aber wiederzukehren, das war ihm ein Graus:
Er wusste, der Herr würde heut' nicht mehr kommen,
Das Fest war vorbei, das sah er beklommen.
    Er ging in sein Zimmer und kniet' zum Gebet,
Und Conrad fragte: „Herr, warum so spät?
Was hat dich gehindert, mich zu besuchen,
Dich sehen zu dürfen, das war mein Ersuchen."
Da klang aus der Stille ein Stimmlein ganz zag:
„Erhebe dein Haupt; ich halt', was ich sag'.

Dreimal mein Schatten ging dort durch den Raum,
Dreimal zur Tür kam mein göttlicher Saum;
Denn ich war der Bettler, dessen Fuß du gemessen;
Ich war die Frau, der du gabst zu essen;
Und ich war das Kind, auf der Straße vergessen.
Dreimal geklopft, dreimal kam ich herein,
Und du entschiedst dich, mein Freund zu sein.
Von allen Gaben ist Liebe die beste;
Dein Gast war ich heut', mir als Freude zum Feste."

Das Geheimnis der Gaben

PAUL FLUCKE

Die Geschichte erzählt man sich nun schon seit Jahrhunderten, nämlich die Geschichte von Caspar, Melchior und Balthasar und ihren Gaben für den neugeborenen König. Und wie sie den Stern sahen und ihm wochenlang folgten, über Berge, durch Täler und Wüsten. In einem feierlichen Aufzug kamen sie auf ihren wankenden Lasttieren und legten ihre Schätze zu Füßen des kindlichen Erlösers.

Und was *waren* ihre Gaben? Ach, sagen Sie, das weiß doch jeder. Sie brachten Gold, Weihrauch und Myrrhe. So steht es geschrieben.

Doch das ist nicht die ganze Geschichte. Hören Sie sich den Rest an, dann wird sich Ihnen das Geheimnis der Gaben auftun.

Von den drei Besuchern trat als Erstes Caspar heran. Sein Gewand war aus feinstem Samt gemacht, verbrämt mit makellosem Pelz. Um seinen Hals hingen ganze Bündel von Edelsteinen, denn Caspar war ein reicher Mann.

Die Zuschauenden sahen nur, dass er an der Tür stehen blieb. „Er betet“, flüsterten sie sich gegenseitig zu, als sie sahen, wie Caspars Lippen sich bewegten. Doch sie irrten sich. Sie konnten nicht sehen, dass Caspar vor dem Engel Gabriel anhielt, der den heiligen Ort bewachte.

„Jeder, der hier eintritt, muss ein Geschenk bringen“, sprach Gabriel. „Hast du ein Geschenk?“

„Das habe ich in der Tat“, sagte Caspar und hielt ein prächtig gefertigtes Kästchen hoch. Es war klein, aber so schwer, dass seine Arme es kaum zu heben vermochten. „Ich habe Barren aus reinstem Gold gebracht.“

„Deine Gabe“, sagte Gabriel mit ernster Miene, „muss ein Teil von dir selbst sein. Es muss etwas sein, dass dir in der Seele kostbar ist.“

„Eben solches habe ich gebracht“, antwortete Caspar zuversichtlich, die Andeutung eines Lächelns auf den Lippen.

„So sei es“, sprach Gabriel. Und auch er lächelte, als er Caspar die Tür aufhielt.

Caspar trat einen Schritt vor, dann einen zweiten. Er wollte gerade auf die Knie gehen und dem Kind das Gold darreichen, da hielt er inne und stand aufrecht. Dort, in seinen ausgestreckten Händen, lag kein Gold, sondern ein Hammer. Der mit Schrammen übersäte und geschwärzte Kopf war größer als eines Mannes Faust, und der Stiel war aus sehnigem Holz, so lang wie eines Mannes Unterarm.

„Aber, aber …“, stammelte Caspar und starrte verblüfft auf das schwere Werkzeug. Da hörte er hinter sich die sanfte Stimme Gabriels.

„So sei es, und so ist es“, sprach der Engel. „Du hast die Essenz deines Wesens gebracht. Was du dort in den Händen hältst, ist der Hammer deiner Habgier. Du hast ihn benutzt, um dir Reichtum von denen abzuschlagen, die schuften, damit du im Luxus leben kannst. Mit ihm hast du dir einen Palast gebaut, während andere in armseligen Hütten leben.“

Und plötzlich erkannte Caspar die Wahrheit. Vor Scham gekrümmt wandte er sich der Tür zu und wollte gehen. Doch Gabriel versperrte ihm den Weg. „Nein, du hast noch nicht deine Gabe dargebracht.“

„*Das* hier soll ich geben?“, platzte Caspar entsetzt heraus und sah auf den Hammer. „Ich kann so etwas nicht dem König geben!“

„Aber das musst du“, entgegnete Gabriel. „Deshalb bist du gekommen. Und du kannst ihn nicht mit dir zurücknehmen. Er ist zu schwer. Lass ihn hier oder er wird dich kaputt machen.“

Und einmal mehr wusste Caspar, dass der Engel die Wahrheit sprach. Trotzdem widersprach er. „Der Hammer ist zu schwer, das stimmt, und deshalb kann das Kind ihn nicht heben.“

„Er ist der Einzige, der ihn zu heben vermag“, antwortete der Engel.

„Aber das ist doch gefährlich. Er könnte sich seine Hände oder Füße verletzen.“

„Diese Sorge“, sagte Gabriel, „musst du schon dem Himmel überlassen. Der Hammer wird seinen Platz finden.“ Langsam ging Caspar dorthin, wo das Christkind lag, und langsam legte er den hässlichen Hammer zu Füßen des Babys. Dann erhob er sich und wandte sich der Tür zu. Nur für einen Moment hielt er inne und schaute zurück auf den winzigen Erlöser, dann eilte er nach draußen. Die wartende Welt nahm nur das Lächeln wahr, das Caspars Gesicht schmückte, als er ins Freie trat. Seine Hände waren erhoben, als zierten Engelsflügel seine Finger.

Als Nächstes trat Melchior zur Tür. Er war nicht so pompös wie Caspar, denn er trug das dunkler gehaltene Gewand eines Gelehrten. Doch die Länge seines Bartes und die Falten auf seiner Stirn zeugten von jemandem, der lange mit der Weisheit der Generationen gelebt hat. Schweigen legte sich auf die Zuschauer, als er ebenfalls vor der Tür Halt machte. Doch nur Melchior konnte den Engel sehen, der dort Wache hielt. Nur Melchior konnte seine Worte hören.

„Was hast du gebracht?“, fragte Gabriel.

Und Melchior antwortete: „Ich bringe Weihrauch, den Duft von verborgenen Ländern und vergangenen Tagen.“

„Deine Gabe“, warnte ihn Gabriel, genau wie zuvor, „muss etwas sein, dass dir in der Seele kostbar ist.“

„Natürlich, das ist es“, erwiderte Melchior.

„Dann trete ein, und wir werden sehen.“ Und Gabriel öffnete die Tür.

Melchior stockte der Atem beim Anblick, der sich ihm drinnen bot. In seinen vielen Jahren auf der Suche nach schwer zu fassender Wahrheit hatte er nie eine derartige Gegenwart gespürt. Er kniete sich ehrfürchtig hin und nahm aus seinem Gewand die Silberflasche mit der kostbaren Salbe.

Doch dann wich er zurück und starrte das Gefäß in seiner Hand an. Es war überhaupt nicht aus Silber. Es war gewöhnlicher Ton, grob und befleckt, wie man ihn im bescheidensten Schrank finden kann. Entsetzt zog er den Stöpsel von der Öffnung und roch an dem Inhalt. Dann sprang er auf und sah sich an der Tür dem Engel gegenüber.

„Ich wurde reingelegt", sagte er und spuckte dabei die Worte zornig aus. „Das ist nicht der Weihrauch, den ich gebracht habe! Das ist Essig!"

„So sei es, und so ist es", sprach Gabriel. „Du hast das gebracht, woraus du gemacht bist. Du bringst die Bitterkeit deines Herzens, den sauren Wein eines Lebens, das vor Neid und Hass hart geworden ist. Zu lange schon hast du in dir die Erinnerungen an alte Verletzungen getragen. Du hast deinen Groll gehortet und hast Funken des Ärgers gesprüht, bis sie zu einem lodernden Feuer in dir geworden sind. Du hast Erkenntnis gesucht, hast dabei jedoch dein Leben mit Gift gefüllt."

Bei diesen Worten ließ Melchior die Schultern sinken. Er wandte sein Gesicht von Gabriel ab und nestelte an seinem Gewand herum, so, als wolle er das Tongefäß verbergen. Still stahl er sich zur Tür.

Gabriel lächelte sanft und legte seine Hand auf Melchiors Arm. „Warte“, sagte er. „Du musst dein Geschenk hierlassen.“

Melchior seufzte mit einem Schmerz, der tief von innen kam. „Ich wünschte, ich könnte das! Wie lange schon habe ich mich danach gesehnt, meine Seele ihrer Bitterkeit zu entleeren. Du hast die Wahrheit gesprochen, mein Freund. Aber ich kann es nicht hierlassen! Nicht hier, zu Füßen von Liebe und Unschuld.“

„Doch, das kannst du“, sagte Gabriel. „Du musst es sogar, wenn du rein sein möchtest. Nur hier *kannst* du es lassen.“

„Das ist scheußliches, bitteres Zeug“, protestierte Melchior. „Was ist, wenn das Kind es an die Lippen nimmt?“

„Diese Sorge musst du schon dem Himmel überlassen“, entgegnete Gabriel. „Dort gibt es sogar Verwendung für Essig.“

So legte Melchior sein Geschenk vor den Erlöser. Und man erzählt sich, dass, als er herauskam, seine Augen im klaren Licht der himmlischen Wahrheit leuchteten.

Einen Besucher gab es noch, der seine Opfergabe darbringen wollte. Nun schritt er voran, sein Rücken so gerade wie ein Baum, seine Schultern kräftig wie ein Eichenbalken. Er ging wie jemand, der für die Befehlsgewalt geboren wurde. Jener war Balthasar, Führer vieler Legionen, Bezwinger ummauerter Städte. Vor sich trug er einen mit Messing beschlagenen Kasten, den er an polierten Elfenbeingriffen hielt.

Ein Gemurmel zog sich durch die Menge, die zusah, wie er an der Tür zögerte. „Schaut", flüsterten die Leute, „selbst der große Balthasar huldigt dem König, der drinnen auf ihn wartet."

Dabei war es Gabriel, der den Krieger zum Anhalten bewegte.

„Hast du eine Gabe?"

„Selbstredend", entgegnete Balthasar. „Meine Gabe ist Myrrhe, die kostbarste Beute meines kühnsten Feldzuges. Viele haben dafür gekämpft und ihr Leben gelassen. Es ist die Essenz des seltensten Krautes."

„Aber ist es auch die Essenz deiner selbst?", fragte Gabriel.

„Ja", erwiderte der General.

„Dann komm", sagte der Engel, „und wir werden sehen."

Selbst der furchtlose Balthasar war nicht auf die Welle von Ehrfurcht gefasst, die ihn beim Eintreten überwältigte. Seine Knie wurden schwach, wie er es noch nie zuvor erlebt hatte. Er schloss die Augen, kniete nieder und schob sich in Ehrerbietung nach vorn. Dann verneigte er sich, bis sein Gesicht fast den Boden berührte. Er löste langsam seine Hände von den Griffen des Kastens, hob den Kopf und öffnete die Augen.

Dort, vor den Füßen des Babys, lag sein eigener Speer. Der glatte runde Stab glänzte noch, wo der Schweiß seiner hohlen Hände ihn befeuchtet hatte. Und die scharfen Kanten seiner Stahlspitze fingen das flackernde Lampenlicht auf.

„Das kann nicht sein!“, flüsterte Balthasar heiser. „Ein Feind hat einen Fluch darauf gelegt.“

„Das ist zutreffender, als dir bewusst ist“, sprach Gabriel sanft hinter ihm. „Tausend Feinde haben ihren Fluch auf dich gelegt und deine Seele in einen Speer verwandelt. Indem du allein für das Siegen gelebt hast, bist du besiegt worden. Jeder Kampf, den du gewinnst, führt dich nur zu einem weiteren Kampf mit einem noch gewaltigeren Feind.“

Balthasar vernahm die Worte des Engels. Sie schienen ganz tief in seiner Seele widerzuhallen. Einen Moment lang zögerte er. Dann gewann er seine Fassung wieder, griff nach dem Speer und wandte sich zur Tür.

„Ich kann ihn nicht hierlassen“, sagte er. „Mein Volk braucht ihn. Wir können es uns nicht leisten, ihn aufzugeben.“

„Bist du dir sicher“, fragte Gabriel, „dass du es dir leisten kannst, ihn zu *behalten*?“

Ein langer Augenblick verstrich. Schließlich lockerte Balthasar seinen Griff und der Speer sank zu Boden. Doch als er zum Kind hinüber sah, flüsterte er Gabriel besorgt zu: „Aber hier? Ist es nicht gefährlich, ihn hierzulassen?“

Der Engel, der scheinbar die Luft angehalten hatte, atmete auf und flüsterte zurück: „Dies ist der einzig sichere Ort, an dem du ihn lassen kannst.“

„Aber er ist doch ein Kind, und der Speer ist scharf. Der Speer könnte ihn ins Fleisch schneiden.“

„Diese Sorge musst du schon dem Himmel überlassen“, entgegnete Gabriel.

Und man erzählt sich, dass Balthasar friedlich hinaustrat, die Arme entspannt an seinen Seiten. Als Erstes ging er zu Caspar und Melchior, dort, wo sie warteten, und umarmte sie als Brüder. Dann wandte er sich an die anderen Zuschauer und ging zu diesem und jenem und schloss jeden in seine ausgestreckten Arme, wie jemand, der geliebte Freunde begrüßt, die er seit sehr langer Zeit nicht gesehen hat.

Aber was ist mit den Gaben?, fragen Sie. Was ist mit dem Hammer und dem Essig und dem Speer passiert? In einer anderen Geschichte wird erzählt, wie sie noch einmal gesichtet wurden, Jahre später, auf einem einsamen Hügel außerhalb Jerusalems. Doch keine Sorge: Das ist eine Last, die der Himmel selbst getragen hat, wie nur der Himmel es vermag.

Die Legende des Rotkehlchens

Eine französische Volkssage

Der raue Winterwind wehte pfeifend durch die Wände des verwitterten alten Stalls. Maria saß still da und blickte durch ein Loch in der Decke, hinauf zu der großen Zahl an Sternen, die den größten und hellsten Stern, den sie je gesehen hatte, funkelnd umgaben. Wie leicht er all die anderen mit seinem herrlichen Lichtschein überstrahlte, der auf die Stelle fiel, wo Maria ihren Neugeborenen im Arm hielt!

Maria zitterte leicht, als sie ihr Kind nahe an sich zog und es warmzuhalten versuchte. In unmittelbarer Nähe lag ein kleiner Haufen Kohlen vor ihnen, die kaum noch glühten. Ab und zu bückte sie sich und blies sie an, ganz leicht, gerade stark genug, um ein paar Flammen zu entfachen. Irgendwo dort draußen in der kalten Dunkelheit suchte Josef nach Feuerholz, damit sie ein Feuer haben konnten, das die Nässe und Kälte fernhielt.

Maria versuchte mit dem Kind im Arm die Kohlen anzupusten, aber es war schwierig, sich so weit hinunterzubücken, ohne das Kind aufzuschrecken. Sie sah sich im Stall um, unsicher, was sie tun sollte.

In der Nähe schliefen ein großer grauer Ochse, ein Zugpferd und ein Esel dicht beieinander. Sie machten einen recht gemütlichen Eindruck, wie sie dort zusammengekuschelt waren, und der Klang ihres Schnarchens füllte den Stall.

„Bitte wach auf, lieber Ochse", rief Maria. „Du bist so groß und stark. Könntest du nicht mit deinem starken Atem diese Kohlen anblasen? Ich würde mich wirklich sehr darüber freuen."

Bestimmt wäre der Ochse hilfsbereit gewesen, hätte er Maria gehört. Aber er hatte den Tag mit harter Feldarbeit zugebracht und war zu müde, um die sanfte Stimme zu bemerken, die ihn rief.

„Treues Pferd", sagte Maria, „du bist so prächtig und groß. Könntest du mit deinem mächtigen Atem die Kohlen vor dem Ausgehen bewahren?"

Aber das Pferd hatte den langen Tag damit verbracht, schwere Karren durch die Straßen zu ziehen. Es träumte in dem Moment gerade von süßen Äpfeln und duftendem Stroh.

„Verzeihung, Esel", versuchte Maria es ein letztes Mal, „aber in allem, was du anpackst, scheinst du so entschlossen zu sein, da könntest du doch vielleicht diese Kohlen am Brennen halten."

Nun schläft jedoch niemand fester als ein Esel. Er

zuckte mit den Ohren und gab in seinem Schlaf ein riesengroßes Gähnen von sich.

Maria seufzte und sah sich die schlafenden Tiere an. Sie wusste, wie hart sie gearbeitet hatten und wie müde sie sein mussten. Also versuchte sie wieder, sich näher zu den schwächer werdenden Kohlen herabzubeugen.

Maria sah nicht, dass ein Rotkehlchen der ganzen Szene von den Dachbalken aus zugeschaut hatte. Als Maria erneut ihr Feuerchen zu entfachen versuchte, flog der kleine Vogel hinab auf den Stallboden und landete genau neben dem Kohlehaufen.

Der kleine Vogel spannte seine Flügel aus und begann mit aller Macht zu flattern, um die Kohlen anzufächeln. Nach und nach fingen die Kohlen an, heiß-rot zu glühen, bis eine Flamme entsprang, wodurch die Brust des treuen Vogels im Widerschein rot leuchtete.

Maria wandte sich dem Vogel zu und sagte: „Lieber Vogel, hab besten Dank für deine Aufmerksamkeit. Von nun an sollst du immer eine rote Brust tragen, als Zeichen deines freundlichen Herzens.“ Der kleine Vogel sang daraufhin vor Freude und entlockte Marias Baby ein wonniges Lachen.

So kommt es, dass das Rotkehlchen auch heute noch eine rote Brust hat.

Die Legende von St. Nikolaus und dem Gold

NACHERZÄHLT VON DAVE LINDSTEDT

Es waren einmal ein Mann und eine Frau, die in einer nördlichen Mittelmeerstadt lebten und es als Kaufleute zu Erfolg gebracht hatten. In ihrem Laden auf dem Marktplatz tummelten sich ständig Kunden. Doch obwohl ihr Betrieb viel Gewinn abwarf, waren sie untröstlich, denn sie konnten keine Kinder bekommen. Die Zeit verging und sie beteten, dass Gott ihnen ein Kind schenken möge, um ihre späteren Jahre aufzuheitern. Schließlich wurde ihnen ein Sohn geboren. Sie nannten ihn Nikolaus und überhäuften ihn mit Liebe.

Als Nikolaus größer wurde, verbrachte er seine Nachmittage damit, zusammen mit seinen Eltern im Laden zu werkeln. Am Abend saß er gern am Schreibtisch des

Vaters und sah zu, wie dieser den Tageserlös zählte. Bevor er begann, ließ der Vater jeweils eine Goldmünze in drei Stoffsäckchen fallen, die sich in einer Ecke des Schreibtischs befanden.

„Das ist für morgen, Nikolaus", sagte er dabei, „damit du immer Suppe zu deinem Brot hast."

Beide Eltern starben, als Nikolaus noch ein junger Mann war. Durch seine Erbschaft vermochte er gut zu leben, deswegen legte er die drei Goldsäcke „für morgen" beiseite, und mit den Jahren gerieten sie in Vergessenheit.

Da er in der Kirche aufgewachsen war, entschied sich Nikolaus, den Weg des Priesteramts einzuschlagen, und schlussendlich wurde er zum Bischof der christlichen Gemeinde in Myra. Eines Morgens, auf dem Weg in die Sakristei, bemerkte er einen zerlumpten Mann, der im Gebet kniete. Nikolaus hatte den Mann häufig auf dem örtlichen Marktplatz herumstöbern sehen, und er erkannte ihn als einen ehemaligen Edelmann, den es hart getroffen hatte.

„O Gott, bitte hilf mir", flehte der Mann im Gebet. „Wenn ich keine Arbeit finde, kann ich kein Brot kaufen. Und wenn ich kein Brot kaufen kann, muss ich meine drei Töchter auf die Straße setzen, um sich allein durchzuschlagen."

Nikolaus war innerlich von Mitleid bewegt und begann zu beten, dass Gott ihm zeigen möge, wie er dem armen Mann und seiner Familie helfen könne. An dem Abend, als er durch die sich aufs Land legende Dämmerung nach Hause spazierte, fielen Nikolaus plötzlich die

Goldsäcke wieder ein. „Das ist für morgen, Nikolaus, damit du immer Suppe zu deinem Brot hast." Aufgeregt stürmte er ins Haus und stieg auf den Dachboden, wo das Gold versteckt lag.

Nikolaus wusste: Der Edelmann war zu stolz, um Geld von ihm anzunehmen; daher suchte er nach einer anderen Möglichkeit. Er nahm einen der Goldsäcke und schlich im Schutz der Dunkelheit zum Haus des Edelmanns. Zu seiner Freude war eines der vorderen Fenster gerade weit genug auf, dass er den Sack hindurchschieben konnte. Kerzenlicht flackerte im Inneren, folglich mochte jemand dort sein. Um nicht entdeckt zu werden, ließ er den Goldsack geschwind über die Fensterbank gleiten und machte sich davon.

Es dauerte nicht lange, da wurde Nikolaus eingeladen, um die älteste Tochter des Edelmanns, die mit einem Mal eine hohe Mitgift hatte, zu vermählen. Bei der Hochzeit erfreute der Edelmann die Gäste mit seiner Geschichte vom wundersamen Fund des Goldsacks.

Als Nikolaus sah, welch Freude sein Geschenk gebracht hatte, entschloss er sich, auch die zweite Tochter mit einer Mitgift zu versehen. Ein paar Nächte später nahm er einen weiteren Goldsack und schob ihn durch das Fenster des Edelmanns. Wiederum war dieser außer sich vor Freude und seine mittlere Tochter heiratete bald in eine hohe Familie hinein. Nun musste der Vater sich nichts mehr auf dem Marktplatz beschaffen, und als Nikolaus ihn das nächste Mal sah, trug der Mann eine neue Hose und einen Mantel.

Nach der zweiten Hochzeit begann sich der Vater jedoch zu fragen, wie diese „Säcke vom Himmel“ übersendet wurden. Er beschloss, jede Nacht sein Fenster zu beobachten, falls auch für seine jüngste Tochter ein Goldsack erscheinen sollte.

Unterdessen fand Nikolaus, dass es mehr als rechtens sei, der dritten Tochter ebenfalls einen Goldsack zu geben, obwohl der Edelmann ja nicht mehr mittellos war. In einer kalten Dezembernacht machte er sich wieder auf den Weg zum offenen Fenster und warf seinen Schatz hinein. Als er allerdings davonlief, hörte er den wachsamen Edelmann hinter sich her rufen: „Bischof Nikolaus! Sind Sie das etwa?“

Nikolaus bat den Mann inständig, niemandem von dem Gold zu erzählen, doch die Sache konnte nicht geheimgehalten werden. Bald verbreitete sich die Geschichte von Nikolaus' Großzügigkeit in der ganzen Stadt. Mit seinem neugewonnenen Vermögen bekam der Edelmann wieder eine prominente Stellung in der örtlichen Regierung. Um seiner Dankbarkeit dem freundlichen Bischof gegenüber feierlich Ausdruck zu verleihen, erklärte der Edelmann den sechsten Dezember zum alljährlichen Fest, und viele der Dorfbewohner brachten Geschenke für die Bedürftigen.

Und so kam es, dass man St. Nikolaus mit Geschenken in Verbindung bringt.

Weihrauch und Myrrhe

HEYWOOD BROUN

Es waren einmal drei Könige aus dem Morgenland, weise Männer. Sie beobachteten die Zeichen am Himmel und bemerkten einen besonders auffälligen Stern, der ihnen kundtat, dass in einem fernen Land der König der Welt geboren werden sollte. Der Stern rief sie in die Ferne und sie bereiteten sich auf eine lange Reise vor.

Aus ihren Palästen sammelten sie wertvolle Geschenke: Gold und Weihrauch und Myrrhe. Große Säcke voller Kostbarkeiten wurden auf Kamele geladen, die sie auf ihrer Reise tragen sollten. Alles war bereit, doch schien einer der Weisen über etwas verwundert zu sein; er schloss sich nicht sofort seinen Gefährten an, die gespannt und voller Ungeduld darauf warteten, endlich in die vom Stern gewiesene Richtung aufzubrechen.

Sie waren alt, diese beiden Könige, und der andere Weise war jung. Als sie ihn fragten, konnte er nicht sagen, warum er auf sich warten ließ. Er wusste, dass seine

Schatzkammern leergeräumt waren, um dem König der Könige reiche Gaben zu schenken. Er hatte doch eigentlich nichts weiter zu geben, und trotzdem spürte er eine gewisse Unzufriedenheit.

Er antwortete den alten Herren nicht, die ihm zuriefen, dass es an der Zeit sei. Die Kamele waren ungeduldig, sie schaukelten hin und her und fletschten ihre Zähne. Die Schatten in der Wüste wurden länger. Und der junge König saß immer noch da und grübelte.

Endlich zog sich ein Lächeln über sein Gesicht und er befahl seinen Dienern, den großen Schatzbeutel auf dem Rücken seines ersten Kamels zu öffnen. Dann ging er in eine hohe Kammer, in der er schon seit Kindheitstagen nicht mehr gewesen war. Er wühlte herum, kam alsbald heraus und ging zur Karawane. In seiner Hand hielt er etwas, das im Sonnenlicht schimmerte.

Die Könige dachten, er trüge irgendein neues Geschenk, etwas Selteneres und Wertvolleres als alles, was sie in ihren Schatzkammern hatten finden können. Sie neigten sich hinunter, um es sehen zu können, und selbst die Kamelführer spähten von den Rücken der großen Tiere hinab, um herauszufinden, was dort in der Sonne glänzte. Sie waren neugierig auf dieses letzte Geschenk, auf das die gesamte Karawane gewartet hatte.

Und der junge König nahm ein Spielzeug aus seiner Hand und setzte es auf den Sand: einen bemalten weißen Blechhund mit schwarzen Flecken. Die Farbe war an vielen Stellen abgescheuert und das Metall freigelegt, weshalb das Spielzeug wie Silber in der Sonne glänzte.

Der jüngste der Weisen drehte einen Schlüssel an der Seite des kleinen schwarz-weißen Hundes und trat zurück, damit die Könige und Kamelführer sehen konnten. Der Hund sprang hoch in die Luft und schlug einen Purzelbaum. Noch einen und noch einen schlug er, bevor er auf die Seite fiel und mit einem Lächeln auf dem Gesicht still lag.

Ein Kind, der Sohn eines Kamelführers, lachte und klatschte in die Hand, aber die Könige waren streng. Sie schalten den jüngsten der Weisen. Er hörte ihnen gar nicht zu, sondern bat seinen Hauptdiener, das erste Kamel niederknien zu lassen. Dann hob er das Blechspielzeug auf, öffnete den Schatzbeutel und legte sein letztes Geschenk eigenhändig in die Sacköffnung, damit es sicher auf den weichen Weihrauchsäcken ruhen konnte.

„Welche Torheit ist bloß über dich gekommen?“, rief der älteste der Weisen. „Kann man solch ein Geschenk dem König der Könige im fernen Lande bringen?“

Der junge Mann antwortete und sprach: „Für den König der Könige haben wir äußerst kostbare Geschenke: Gold und Weihrauch und Myrrhe. Doch das hier“, sagte er, „ist für das Kind in Bethlehem.“

Die Legende der Poinsettie

NACHERZÄHLT VON ALICE GRAY

In einem kleinen Ort an der mexikanischen Grenze strahlte das Licht dutzender Kerzen durch das einzige Fenster einer alten Lehmsteinkirche. Schon seit Jahren war es üblich, dass die Familien zur Heiligen Nacht in Erinnerung an das Christkind eine Gabe brachten. Vom Ältesten bis zum Jüngsten trat jedes Familienmitglied ehrfurchtsvoll vor die Krippenszene, verneigte sich in Anbetung und legte eine Gabe neben den Altar.

Eines Abends stand ein kleiner Waisenjunge draußen vor der Kirchentür. Er wollte unbedingt hineingehen und sich den Familien anschließen, die ihre Gaben beim Altar ablegten, aber er war arm und hatte nichts zu geben.

In der Nähe des Fensters stehend, hörte er die Musik von der Kirchenorgel. Während er der wunderschönen Melodie lauschte, wurde sein zartes Herz vom weihnachtlichen Wunder berührt, und er kniete sich hin, allein, draußen vor der Kirche, und neigte seinen Kopf im Gebet.

Als die Musik verklang, stand er wieder auf und wollte sich auf den Weg zurück zum Waisenheim machen. Zu seiner Überraschung blühte dort, wo er betend gekniet hatte, eine wunderschöne Pflanze mit scharlachroten Blättern und einer winzigen gelben Blüte in der Mitte. Er hatte noch nie etwas so Schönes wie diese Blume gesehen. *Die Engel haben mir eine Gabe verschafft, die ich dem Christkind bringen kann!*, dachte er und hob die Pflanze sanft auf. Der Junge trug sie in die Kirche, verneigte sich vor der Krippe und legte sie beim Altar neben die anderen Geschenke.

Fortan blühte die Pflanze jedes Jahr zur Weihnachtszeit mit leuchtend roten Blättern, die eine winzige gelbe Blüte umrankten. Die Leute im Ort nannten sie „Die Blume der Heiligen Nacht".

Schlussendlich adoptierte eine freundliche Familie mit dem Nachnamen Poinsettie den kleinen Jungen, und er wurde im geschäftlichen Bereich überaus erfolgreich. Jahre später kehrte er zu dem Dörfchen zurück, das er in solch liebevoller Erinnerung hatte, und half beim Bau einer neuen Kirche und Schule. Zum Dank für seine Großzügigkeit gaben ihm die Leute vom Ort ein besonderes Geschenk: Sie überreichten ihm eine hübsche Pflanze, dessen scharlachrote Blätter winzige goldene Blüten umgaben – eine Pflanze, die nach ihm benannt worden war.

Die Legende der Weihnachtsrose

Nacherzählt von Casandra Lindell

Eine Gruppe von Leuten kam zusammen. Sie unterhielten sich im Flüsterton und scharrten erwartungsvoll mit den Füßen. Unter ihnen waren mehrere Hirten, die gerade von den Hügeln in der Gegend Bethlehems gekommen waren. Heerscharen von Engeln hatten zu ihnen über das Baby gesungen, das sich in dem Ort befand; sie kamen zum kleinen Stall, um ihn zu ehren. Jeder Anwesende, ob jung oder alt, trug ein Geschenk für dieses Baby.

Am Rande der Menschenmenge stand ein junges Mädchen und lauschte der Geschichte, die die Hirten erzählten. Es spürte eine wunderbare Erkenntnis in ihrem Inneren wachsen. Beim Hören der Geschichte wurde ihm klar, dass dieses Kindlein die Verheißung Gottes sein musste. Das Mädchen begann vor Ergriffenheit zu zittern und spürte ein starkes Verlangen, hineinzugehen und ebenfalls anzubeten.

Doch sie hatte kein Geschenk, das sie bringen konnte. Heiße Tränen der Enttäuschung flossen langsam über ihre kalten Wangen. Sie fielen auf den Boden, wo sie sogleich unbemerkt in der trockenen Erde versickerten. Die Menschenmenge drängte sich nach drinnen, umringte die Krippe und ließ sie allein.

Plötzlich erschien ein Engel und summte leise eine wunderschöne Melodie. Der Engel lächelte das junge Mädchen sanft an und begann, weiße Rosen vor ihr auf den Weg zu streuen. Genauso plötzlich verschwand der Engel wieder.

Das Mädchen sammelte die zarten Blumenblätter auf, huschte durch die schmale Tür und flüsterte ein Dankgebet, während sie ihre Gabe zu Füßen des Gabengebers legte.

Weihnachtsgedanken

Gott aber sei Dank
für seine unaussprechliche Gabe!

2. Korinther 9,15

Die Ankunft

MAX LUCADO

Der Lärm und das Gehetze begannen im Dorf früher als sonst. Als die Nacht der Dämmerung wich, waren die Leute bereits auf den Straßen. Verkäufer postierten sich an den Kreuzungen der belebtesten Wege. Ladenbesitzer schlossen die Türen ihrer Geschäfte auf. Kinder wurden vom aufgeregten Bellen der Straßenhunde und den Klagen der Karren ziehenden Esel geweckt.

Der Wirt war früher aufgestanden als die meisten Menschen im Ort. Immerhin war das Gasthaus voll, alle Betten waren besetzt. Jede Matte oder Decke, die zur Verfügung stand, fand Verwendung. Bald würden sich die Gäste rühren und dann gab es viel zu tun.

Es ist interessant sich vorzustellen, wie die Unterhaltung des Wirts und seiner Familie am Frühstückstisch verlief. Erwähnte irgendjemand die Ankunft des jungen Paares am vorherigen Abend? Erkundigte sich irgendjemand, wie es ihnen ging? Sagte irgendjemand etwas darüber, dass das Mädchen auf dem Esel schwanger war? Vielleicht. Vielleicht erwähnte jemand das Thema. Doch viel mehr geschah wohl nicht, es war gewiss keine Diskussion wert. Denn so ungewöhnlich war die Geschichte ja nicht. Möglicherweise waren sie nur eine von mehreren Familien, die an dem Abend abgewiesen wurden.

Außerdem, wer hatte schon Zeit, über sie zu reden, wo doch so viel Aufregung in der Luft hing? Augustus tat der Wirtschaft in Bethlehem einen Gefallen, als er eine Volkszählung ausrief. Wann hatte es je zuvor so viel Handelsverkehr in dem Dorf gegeben?

Ja, es ist zu bezweifeln, dass irgendjemand die Ankunft des Paares erwähnte oder sich über die Umstände des Mädchens wunderte. Sie waren zu beschäftigt. Sie waren mitten in ihrem Tagesablauf. Das Brot für den Tag musste verdient werden. Die morgendlichen Aufgaben mussten erledigt werden. Es gab zu viel zu tun, um die Möglichkeit in Betracht zu ziehen, dass sich das Unmögliche ereignet hatte.

Gott war als Baby in die Welt gekommen.

Käme man an dem Morgen jedoch zufällig beim Schafstall am Dorfrand von Bethlehem vorbei, würde sich einem eine wirklich eigentümliche Szene darbieten.

Der Stall stinkt genauso wie jeder andere Stall. Der unangenehme Geruch von Urin, Dünger und Schafen hängt beißend in der Luft. Der Boden ist hart, das Heu spärlich. Spinnweben kleben an der Decke und eine Maus huscht über den Boden.

Es könnte keinen bescheideneren Geburtsort geben.

In der einen Ecke sitzt eine Gruppe Hirten. Sie sitzen leise auf dem Boden, vielleicht verwirrt, vielleicht ehrfürchtig, aber auf jeden Fall erstaunt. Die Nachtwache war von einer himmlischen Lichtexplosion und einer Engelssymphonie unterbrochen worden. Gott geht zu denen, die Zeit haben, ihn zu hören – und so ging er in dieser wolkenlosen Nacht zu einfachen Hirten.

Nahe bei der jungen Mutter sitzt der müde Vater. Wenn irgendjemand vor sich hindöst, dann er. Er kann sich nicht entsinnen, wann er das letzte Mal gesessen hat. Und nun, da sich die Aufregung ein wenig gelegt hat, nun, da Maria und das Baby versorgt sind, lehnt er sich gegen die Stallwand und spürt, wie seine Augenlider schwer werden. Er versteht das alles immer noch nicht ganz. Das Geheimnis des Ereignisses verwirrt ihn. Doch er hat nicht die Kraft, sich mit all den Fragen auseinanderzusetzen. Wichtig ist, dass es dem Baby gut geht und Maria in Sicherheit ist. Während der Schlaf ihn übermannt, erinnert er sich an den Namen, den der Engel ihm aufgetragen hatte: Jesus. „Wir nennen ihn Jesus."

Maria ist hellwach. Du meine Güte, wie jung sie aussieht! Ihr Kopf ruht auf dem weichen Leder von Josefs Sattel. Der Schmerz ist dem Gefühl des Staunens gewichen. Sie blickt in das Gesicht ihres Babys. Ihr Sohn. Ihr Herr. Ihre Majestät. Zu diesem Zeitpunkt der Geschichte ist der Mensch, der Gottes Wesen und Wirken am besten versteht, ein Teenie-Mädchen in einem stinkenden Stall. Sie kann ihre Augen einfach nicht von ihm abwenden. Auf unerklärliche Weise weiß Maria, dass sie Gott im Arm hält. Das ist er also. Sie ruft sich die Worte des

Engels in Erinnerung: „Seines Königtums wird kein Ende sein."

Er sieht eigentlich gar nicht aus wie ein König. Sein Gesicht ist schrumpelig und rot. Sein Schreien, obgleich stark und gesund, ist trotzdem das hilflose, durchdringende Schreien eines Babys. Und sein Wohlbefinden hängt völlig von Maria ab.

Hoheit inmitten des Gewöhnlichen. Heiligkeit in dem Schmutz von Schafsdünger und Schweiß. Göttlichkeit, die auf dem Stallboden in die Welt tritt – durch den Bauch eines Teenagers und in der Anwesenheit eines Tischlers.

Sie berührt das Gesicht des Kind-Gottes. Wie lang deine Reise gewesen ist!

Dieses Baby hat das Universum überblickt. Diese Lumpen, die ihn warmhalten, waren das Gewand der Ewigkeit. Sein goldener Thronsaal wurde gegen einen schmutzigen Schafspferch eingetauscht. Und die anbetenden Engel wurden gegen freundliche, aber verwirrte Hirten ausgewechselt.

Unterdessen ist die Stadt in vollem Schwung. Die Kaufleute haben keine Ahnung, dass Gott ihren Planeten besuchen gekommen ist. Der Wirt hätte niemals geglaubt, dass er soeben Gott in die Kälte hinausgeschickt hat. Und die Leute würden jeden auslachen, der behauptete, der Messias liege gerade am Rand des Dorfes in den Armen eines Teenagers. Sie waren alle zu beschäftigt, um diese Möglichkeit in Betracht zu ziehen.

Solche, die in jener Nacht die Ankunft Seiner Majestät verpassten, taten es nicht böswillig oder absichtlich; nein, sie verpassten die Ankunft, weil sie einfach nicht Ausschau hielten.

In den letzten zweitausend Jahren hat sich nur wenig geändert, nicht wahr?

Tägliche Geschenke

Charles R. Swindoll

Es ist nicht zu früh, in dieser Weihnachtszeit einige Dinge zu verschenken. Nicht nur zu Heiligabend, sondern während all der Adventstage vor dem 24. Dezember. Wir könnten diese täglichen Geschenke „unser Weihnachtsprojekt" nennen. Vielleicht eins pro Tag von heute an. Hier sind einige Vorschläge:

- Schlichten Sie einen Streit.
- Suchen Sie einen vergessenen Freund auf.
- Legen Sie Misstrauen beiseite.
- Schreiben Sie ein längst überfälliges Liebesbriefchen.
- Umarmen Sie jemanden fest und flüstern Sie: „Ich hab dich so lieb."
- Vergeben Sie einem Feind.
- Seien Sie sanft und geduldig mit einer verärgerten Person.
- Drücken Sie Ihre Wertschätzung aus.
- Beglücken Sie das Herz eines Kindes.
- Basteln oder backen Sie für jemand etwas – anonym.

- Lassen Sie einen Groll los.
- Leihen Sie jemandem ein Ohr.
- Sprechen Sie freundlich mit einem Fremden.
- Haben Sie Anteil am Leid eines anderen.
- Lächeln Sie. Lachen Sie ein bisschen. Lachen Sie ein bisschen mehr.
- Bücken Sie sich und streicheln einen Hund.
- Lesen Sie Ihrem Ehepartner oder einem Freund ein paar Gedichte vor.
- Schrauben Sie Ihre Erwartungen anderen gegenüber herunter.
- Spielen Sie während des Abendessens schöne Musik.
- Entschuldigen Sie sich, wenn Sie etwas falsch gemacht haben.
- Schalten Sie den Fernseher ab und unterhalten Sie sich.
- Spendieren Sie jemandem ein Eis (Frozen Joghurt geht natürlich auch).
- Spülen Sie das Geschirr für die Familie.
- Beten Sie für jemanden, der Ihnen geholfen hat, als es Ihnen schlecht ging.
- Bereiten Sie am Samstagmorgen das Frühstück vor.
- Geben Sie trotz starker Gefühle eine milde Antwort.
- Ermutigen Sie einen Senioren.
- Heben Sie einen Aspekt hervor, den Sie an einem Arbeitskollegen oder einer Nachbarin besonders schätzen.
- Bieten Sie sich einer müden Mutter als Babysitter an.

- Gehen Sie nachsichtig mit Ihrem Lehrer um und seien Sie kooperativ.

Machen wir dieses Weihnachtsfest zu einem langen, ausgedehnten Geschenk unserer selbst an andere! Freigiebig. Ohne Ankündigung. Oder Verpflichtung. Oder Vorbehalt. Oder Heuchelei.

Darum geht es doch im christlichen Glauben, oder nicht?

Der Stall

JONI EARECKSON TADA

Es war eine kühle Nacht in der kleinen jüdäischen Stadt Bethlehem. Eine Nacht, in der man der kalten, feuchten Luft entfliehen und die Wärme und Geborgenheit eines gemütlichen Wirtshauses aufsuchen möchte. Und die Leute drängten sich förmlich in das Wirtshaus am Ende der Straße. Sie ließen ihre Esel und Kamele beim Hinterhof im Stall und schlossen die Tür vor der Nachtluft.

Innen im Wirtshaus lachte und plapperte alles durcheinander. Ferne Verwandte, die sich schon seit Jahren nicht gesehen hatten, erneuerten bei einem Teller heißer Suppe und einem Kelch Wein ihre familiären Beziehungen. Sie brachen zusammen das Brot und tauschten Geschichten über ihre Reisen aus. Ein Teenager in der Ecke klimperte auf seiner Leier, und mehrere Väter klatschten zum Rhythmus.

Inmitten des Ansturmes von Bestellungen, die an die Tische gebracht werden mussten, ging der Wirt mit einem Tablett voller Brote und Fleischstücke an die Tür, weil jemand klopfte. Ein Mann – Josef hieß er – stand draußen, seinen schlichten Mantel bis zum Kinn hochgezogen. Es war spät, es war kalt, und er brauchte zusammen mit seiner Frau ein Zimmer. Ein einziger Blick verriet dem Wirt, dass die Frau hochschwanger war. Bei so viel Getöse hinter ihm konnte er seine eigene Stimme kaum hören, aber er schaffte es, ihnen klarzumachen, dass kein Zimmer mehr frei war, bloß ein oder zwei leere Boxen im Stall im Hinterhof.

Mit einem Schulterzucken entschuldigte sich der Wirt schnell und zog die Tür zu. Draußen stand Josef einen Moment lang da und lauschte dem Lachen im Innern. Maria wartete auf ihn in der nächtlichen Stille. Das junge Paar machte sich auf den Weg zum Stall. Und während die Musik und das Gelächter und das Schlemmen immer weitergingen, trat nur wenige Meter hinter den Wänden des Wirtshauses der Sohn Gottes in die Geschichte der Menschheit ein.

Manchmal kommen die besten Augenblicke der Weihnachtszeit nicht während der überfüllten Feiern oder der gehetzten Vorbereitungen. Sie kommen nicht in der Musik und dem Gelächter, nicht im geselligen Beisammensein oder beim Festessen.

Wenn ich in mir besonders wertvolle Weihnachtserinnerungen wachrufe, dann fallen mir jene stillen Momente ein, in denen Gott mich unerwartet überraschte. Mit sich selbst. Mit einem überwältigenden Gefühl seiner Nähe und Liebe.

Inmitten so vieler Aktivitäten, inmitten all des Rummels, all der Tage auf dem Kalender, die mit Verabredungen und Festen gefüllt sind, sucht Gott nach einem ruhigen Herzen – und spricht zu uns mit einer sanften, leisen Stimme.

Denken Sie an den Stall in Bethlehem. Irgendwie steht er ruhig da. Welch ein Unterschied zum Feiern im Wirtshaus! Wer hätte das gedacht? Wer hätte es vermutet? Wenn sich jemand doch nur die Zeit genommen hätte, aus dem Hinterfenster zum Stall zu sehen. Wenn jemand doch nur seine Beschäftigung unterbrochen, die Feier verlassen und nach seinem Esel gesehen hätte. Wenn sich jemand doch nur für einen Moment der Stille nach draußen begeben hätte.

Denken Sie nur, wovon sie Zeugen geworden wären! Vielleicht hätten sie die Engel gesehen. Vielleicht die Hirten. Und ja, sogar den Sohn Gottes.

Nehmen Sie sich an diesem Weihnachten genug Zeit, einmal aus dem Tumult und der Aufregung hinauszutreten. Besuchen Sie den Stall und bitten Sie Gott, dass er in der Ruhe und Stille zu Ihnen sprechen möge.

Er wird es tun.

Die Geburtsstätte des Königs

William Barclay

Als der Herr der Herrlichkeit auf diese Erde kam, wurde er in einer Höhle geboren, in der Menschen ihren Tieren Unterkunft gaben. Die Grotte in der Geburtskirche in Bethlehem mag eben diese Höhle sein, oder auch nicht. Das wird man nie mit Sicherheit sagen können. Doch die Symbolik hat etwas Wunderschönes. Die Kirche über der Grotte hat nämlich eine derart niedrige Tür, dass jeder, der eintreten möchte, sich bücken muss. Es ist ein höchst passender Umstand, dass sich jeder dem Christkind auf Knien nähern muss.

Wer ist Jesus?

Tim LaHaye

An niemanden außer Jesus wurden die folgenden Titel gerichtet, weil niemand außer ihm für sie infrage kommt. Einige diese Titel wurden ihm von Engeln gegeben, andere von Jüngern und Nachfolgern oder sogar von hebräischen Propheten. Keiner der Titel, für sich allein genommen, beschreibt ihn vollständig. Um zu verstehen, wer er wirklich war und wer er bei seinem Zweiten Kommen ist, müssen sie alle zusammen bedacht werden. Eins ist sicher: Niemand sonst verdient auch nur im Entferntesten einen einzigen dieser Titel.

DER ALLMÄCHTIGE
DER MÄCHTIGE GOTT
DAS WORT WAR GOTT
MEIN HERR UND MEIN GOTT
UNSER RETTER JESUS CHRISTUS
WUNDERBAR
RATGEBER
DER VATER DER EWIGKEIT

DER FRIEDEFÜRST
ALPHA UND OMEGA
DER ERSTE UND LETZTE
DER CHRISTUS
JEHOVA
DER ANFANG UND DAS ENDE
DER HERR
RETTER
DER HEILIGE
HERR ÜBER ALLES
IMMANUEL
DER WEG, DIE WAHRHEIT, DAS LEBEN
KÖNIG DER KÖNIGE
HERR DER HERREN

In der Weltgeschichte ist niemand aus einer Tischlerwerkstatt hervorgegangen, um sich so erhabene Titel anzueignen. Sein Leben kann nur durch die Tatsache erklärt werden, dass er tatsächlich auf einmalige Weise „der Sohn Gottes" war.

Das nächste Mal wird es anders sein!

JOHN F. MACARTHUR JR.

Bei seinem ersten Kommen

Er kam verschleiert in Gestalt eines Kindes.
Ein Stern zeigte seine Ankunft.
Weise brachten ihm Geschenke.
Es gab keinen Platz für ihn.
Nur wenige waren bei seiner Ankunft dabei.
Er kam als Baby.

Bei seinem nächsten Kommen

Er wird von allen erkannt werden.
Der Himmel wird von seiner Herrlichkeit erleuchtet sein.
Er wird denen Belohnungen bringen, die ihm gehören.

Die Erde wird nicht genug Raum für seine Herrlichkeit haben.
Jedes Auge wird ihn sehen.
Er wird als souveräner König und Herr aller kommen.

Die Herrlichkeit der Demut

PHILIP YANCEY

Ich erinnere mich, wie ich einmal zur Weihnachtszeit in einer Konzerthalle saß und mir Händels *Messias* anhörte, mit einem voll besetzten Chor, der über den Tag sang, an dem „die Herrlichkeit Gottes des Herrn" offenbart werden würde. Ich hatte den Vormittag in Museen verbracht und mir die Überbleibsel von Englands Herrlichkeit angeschaut: die Kronjuwelen, den soliden Herrscherstab aus Gold, die vergoldete Kutsche des Oberbürgermeisters … Dabei kam mir der Gedanke, dass die Zeitgenossen Jesajas, die diese Verheißung zum ersten Mal hörten, eben genau solche Bilder des Reichtums und der Macht vor Augen gehabt haben mussten. Wenn die Juden Jesajas Worte lasen, dachten sie zweifellos mit schmerzlicher Sehnsucht zurück an die herrlichen Tage Salomos, damals, als „der König … das Silber in Jerusalem an Menge den Steinen gleich" machte (2. Chronik 9,27).

Der Messias, der dann wirklich erschien, trug jedoch eine andere Art von Herrlichkeit, die Herrlichkeit der Demut … Der Gott, der brüllte, der Armeen und Weltreiche wie Schachfiguren umherbewegte, dieser Gott trat in Palästina als ein Baby auf, das weder reden noch feste Nahrung zu sich nehmen konnte und auch seine Blase nicht unter Kontrolle hatte, der für Unterkunft, Verpflegung und Liebe von einem Teenager-Paar abhängig war.

Als ich in London zur königlichen Loge schaute, wo die Königin mit ihrer Familie saß, erhaschte ich einen flüchtigen Blick der gängigeren Art, wie Herrscher durch die Welt stolzieren: mit Leibwächtern, Trompetenschall, einem Schwung prächtiger Kleidung und funkelnder Juwelen. Königin Elisabeth II. war neulich zu Besuch in den Vereinigten Staaten, und Reporter zählten nur zu gern die dafür nötige Logistik auf: Ihre zweitausend Kilo an Gepäck beinhalteten für jeden Anlass zwei Outfits; eine Trauerausstattung, falls jemand sterben sollte; fünfhundert Gramm Plasma und Toilettensitzbezüge aus weißem Glacéleder. Sie brachte ihren eigenen Friseur, zwei Kammerdiener und ein ganzes Heer weiterer Dienerschaft. Ein kurzer königlicher Besuch kann ganz schnell mal zwanzig Millionen Dollar kosten.

Im Gegensatz dazu fand Gottes demütiger Besuch auf Erden in einer Unterkunft für Tiere statt, ohne anwesende Dienerschaft und mit nichts Besserem als einem Futtertrog, um den neugeborenen König hinzulegen. In der Tat mag das Ereignis, das die Geschichte und sogar unseren Kalender in zwei Abschnitte teilt, von mehr Tieren als Menschen bezeugt worden sein. Ein Maultier hätte ihn zertrampeln können. „Wie still, wie still, die Wundergabe zu uns kommt."

Nur für einen Moment erleuchteten Engel den Himmel, doch wer sah schon das Schauspiel? Ungebildete Gelegenheitsarbeiter, die auf die Herden anderer aufpassten, „Niemande", deren Namen wir nicht einmal kennen …

In W. H. Audens Gedicht *For the Time Being* verkünden die Weisen: „O hier und jetzt endet unsere endlose Reise." Die Hirten verkünden: „O hier und jetzt beginnt unsere endlose Reise." Die Suche nach weltlicher Weisheit hat ein Ende gefunden; das wahre Leben hat gerade erst begonnen.

Unscheinbar, aber unschätzbar

Gigi Graham Tchividjian

Haben Sie sich je gefragt, wie wohl der erste Heiligabend gefeiert wurde? Waren Cherubim, Seraphim und Engel jeder Art mit eiligen Vorbereitungen beschäftigt, den Herrn des Himmels als Baby auf die Erde zu schicken?

Vielleicht arbeiteten Engel in einer Himmelsecke an der prächtigen Vorführung, die sie für die Hirten zum Besten geben würden. Ein anderer Engel mag dafür gesorgt haben, dass der besondere Stern auf seine himmlische Bahn geschickt wurde, um die Weisen bis zum Messias zu führen. Möglicherweise wachte ein weiterer Engel fürsorglich über Josef und Maria, während sie auf dem Weg zum Stall waren.

Natürlich wissen wir nicht genau, was alles vor sich ging. Wir wissen jedoch, dass, als alles bereit war, „Gott seinen Sohn [sandte]“ (Galater 4,4). Und der gesamte Himmel versammelte sich, als der König der Könige und Herr der Herren seine Herrlichkeit abstreifte, sie dem

Vater zu Füßen legte und sagte: „… einen Leib aber hast du mir geschaffen. … Siehe, ich komme …, dass ich tue, Gott, deinen Willen“ (Hebräer 10,5 und 7).

Auch wenn die himmlischen Vorbereitungen komplex gewesen sein mochten, so lief die Beteiligung der irdischen Männer und Frauen am ersten Weihnachtstag in Schlichtheit ab.

Die Herzen von ein paar bereitwilligen Leuten – Maria, Josef, die Hirten und die Weisen – waren einfach. Der Geburtsort, ein kleiner Stall in einem kleinen Städtchen, war unscheinbar. Die Feier war schlicht: Hirten, hart arbeitende Männer, die ihre Arbeit für einige Stunden liegen ließen, um „die Geschichte [zu] sehen, die da geschehen ist“ (Lukas 2,15). Und dann kehrten sie zu ihren Aufgaben zurück.

Die Geschenke waren auch unscheinbar, und doch waren sie von unschätzbarem Wert:

- Josef gab seinen Gehorsam.
- Maria gab ihren Körper.
- Die Hirten gaben ihre Verehrung.
- Die Weisen gaben ihre Anbetung.

Doch es gab auch solche, die das erste Weihnachtsfest völlig verpassten:

- Der Wirt war zu sehr mit den alltäglichen Sorgen seiner Gäste beschäftigt.
- Die Gäste waren zu sehr um ihr körperliches

Wohlbefinden und ihre persönlichen Angelegenheiten besorgt, um sich dafür zu interessieren, was im Stall geschah.
- König Herodes war zu sehr mit seiner Unsicherheit, seinem königlichen Hof und seinen jämmerlichen Ruhmesträumen beschäftigt.

In den letzten Jahren habe ich mich gefragt, ob ich vielleicht ebenfalls Weihnachten verpasst habe. Habe ich zu viel um die Ohren? Mache ich mir zu viele Gedanken um materielle Dinge und darüber, was andere von mir halten könnten, wenn nicht alles so ist, wie es im Buche steht? Laufe ich Gefahr, die wahre Bedeutung von Weihnachten zu verfehlen? Ich glaube ganz und gar nicht, dass der Herr unsere Weihnachtsbegeisterung dämpfen möchte. Immerhin ist er ein Gott, „der uns alles reichlich darbietet, es zu genießen" (1. Timotheus 6,17).

Vielleicht sollte dieses Jahr auf unseren Weihnachtslisten stehen:

- mehr Aufmerksamkeit für unsere Kleinen
- mehr Zeit und Wertschätzung für unsere Eltern und Ehepartner
- mehr bedingungslose Annahme unserer Teenager
- mehr Liebe und Fürsorge unseren Freunden gegenüber

Und was ist mit unserem Geschenk an den, dessen Geburtstag wir feiern? Er bittet uns nur um das Geschenk unserer selbst – mit all unserer Schuld und unseren Fehlern, unseren Problemen und Ängsten. Weihnachten bedeutet:

Gott gibt,
wir empfangen,
Gott erfüllt.

Gesegnete Weihnachten!

Dem Stern folgen

D. James Kennedy

Und siehe, der Stern, den sie im Morgenland gesehen hatten, ging vor ihnen her, bis er über dem Ort stand, wo das Kindlein war. Als sie den Stern sahen, wurden sie hocherfreut …
Matthäus 2,9-10

Haben Sie jemals die Sterne am Himmel betrachtet und sich gefragt, wie der Stern Christi – der Stern zu Bethlehem – ausgesehen haben mag? Es muss ein herrlicher Stern gewesen sein, sodass die Weisen ihre Sachen packten und ihm hinterher zogen. Sie verließen alles, um dem Stern zu folgen.

Viele Leute haben über die genauen physikalischen Einzelheiten des Sterns spekuliert, doch solche Spekulationen sind letztlich reine Vermutungen. Dagegen wissen wir mit *Sicherheit*, dass der Stern Christi Kommen ankündigte und uns dadurch auch etwas über Christi Wesen vermittelte.

Der Stern zu Bethlehem war ein Stern der Hoffnung, der die Weisen zur Erfüllung ihrer Erwartungen führte – zum Erfolg ihrer Expedition. Nichts in dieser Welt ist so grundlegend für Lebenserfolge wie Hoffnung, und der Stern verwies auf die einzige Quelle wahrer Hoffnung: Jesus Christus.

Der Stern zu Bethlehem war ein Stern der Freude. „Als sie den Stern sahen, wurden sie hocherfreut ..." Jede echte Freude kommt von ihm. Aus der Tiefe unserer Seele sprudelt Christi Freude empor und fließt über. Wer Jesus am besten kennt, freut sich auch am meisten.

Ferner war der Stern zu Bethlehem ein Stern des Zeugnisses. Er gab Zeugnis von dem einen wahren König und Messias, der zuerst zu den Juden kam und dann zu den Heiden.

Doch mehr als alles andere war der Stern zu Bethlehem ein Stern der Führung. Der Stern führte die Weisen durch die Wüste und über große Entfernungen hinweg. Er führte sie zum Herrn Jesus Christus. Auch wir werden durch unseren Stern – das Wort Gottes – geführt. Es ist eine Leuchte vor unseren Füßen und ein Licht auf unserem Weg. Als Pilger in diesem dürren Land führt uns das Wort Gottes zu Jesus Christus, dem Licht der Welt.

Heute danken wir Gott für die Liebe, Hoffnung, Freude, das Zeugnis und die Führung, die wir gewannen, als Jesus Christus unter jenem Stern geboren wurde. Möge das Licht seines Sternes Sie an diesem Tag und jeden Tag führen, bis wir zusammen niederknien und Jesus mit den Weisen im Himmel anbeten.

Die Engel nannten es frohe Botschaft

LARRY LIBBY

Es kam eine Zeit – die beste Zeit, die richtige Zeit –, da wendete sich der mächtige Sohn Gottes von der ganzen Schönheit und Fröhlichkeit seines ewigen Zuhauses ab. Und irgendwie – keiner weiß genau, wie – trat er aus dem Himmel und kam als Baby in unsere Welt.

Der Weg vom Himmel zur Erde muss ihm ziemlich lang vorgekommen sein.

Es muss traurig gewesen sein, solch ein herrliches Zuhause zu verlassen.

Es muss die Engel erstaunt und ernst gestimmt haben, zu sehen, wie sich der König, den sie liebten und dem sie dienten, verabschiedete und den großen Schritt über den Rand des Himmels tat

– hinab

– hinab

– hinab

durch den schwarzen Raum, hin zum kleinen blau-braunen Planeten, auf dem Sie und ich leben. Wussten die Engel, dass der Mensch Jesus würde sterben müssen? Wussten sie, dass seine starken, sanften Hände im Erwachsenenalter an ein Holzkreuz genagelt werden sollten? Wussten sie, dass ihr König sein Leben für die falschen, abscheulichen Dinge hingeben würde, die Sie und ich getan haben?

Wussten sie diese Dinge? Ich denke, wahrscheinlich ja.

Doch es dauerte nicht lange, bis auch *sie* auf die Erde kommen mussten. Zur späten Stunde in einer schläfrigen, sternenklaren Nacht rissen diese Engel den Himmel auf, genauso, wie Sie ein glitzerndes Weihnachtsgeschenk aufreißen würden. Licht und Freude ergossen sich aus dem Himmel wie Wasser durch einen gebrochenen Damm, und die Engel begannen die Botschaft vom Christkind, das geboren worden war, auszurufen und zu besingen.

Die Welt hatte einen Erlöser! Die Engel nannten es eine „frohe Botschaft", und das war sie auch.

Sie ist es immer noch … und ich bin sicher, das wird sie auch immer bleiben.

In dieser Nacht bewachten draußen auf dem Feld einige Hirten ihre Herden. Plötzlich trat ein Engel Gottes zu ihnen, und Gottes Licht umstrahlte sie. Die Hirten erschraken sehr, aber der Engel sagte: „Fürchtet euch nicht! Ich verkünde euch eine Botschaft, die das ganze Volk mit großer Freude erfüllt: Heute ist für euch in der Stadt, in der schon David geboren wurde, der lang ersehnte Retter zur Welt gekommen. Es ist Christus, der Herr. Und daran werdet ihr ihn erkennen: Das Kind liegt, in Windeln gewickelt, in einer Futterkrippe!"

Auf einmal waren sie von unzähligen Engeln umgeben, die Gott lobten:

„Ehre sei Gott im Himmel! Denn er bringt der Welt Frieden und wendet sich den Menschen in Liebe zu."

LUKAS 2,8-14 (HFA)

Freude!

Jack Hayford

Ein kristallenes Glühweinglas funkelt im Kerzenlicht …
Im Fenster spiegeln sich die Farben der Weihnachtsbaumkerzen …
Bilder von Süßigkeiten tanzen in den Träumen der Kinder …

Freude!

Eine spontane Umarmung ist von dankbarer Zuneigung erfüllt …
Durch eine schlichte Grußkarte erneuert sich die Wärme einer Beziehung …
Mama und Papa erleben eine tiefe Verbundenheit, wenn sie den Kindern zusehen, die mit ihren neuen Sachen spielen …

Freude!

Ein Potpourri erfüllt das Haus mit dem Duft der Weihnachtszeit …
Apfelmost prickelt den Sängern, die gerade ihre Runde gemacht haben, auf der Zunge …
Verwandte, die nach dem Festessen satt und zufrieden sind, scharen sich um den Kamin …

Freude!

Und die größte Freude: *Er* ist bei uns.

Weihnachts-erinnerungen

JAMES DOBSON

Zweifellos ist Weihnachten die beste Jahreszeit für gemeinsame Erinnerungen. Einige meiner glücklichsten Erinnerungen, als Kind und Erwachsener gleichermaßen, sind in der Weihnachtszeit verwurzelt. Ich erinnere mich noch an das Jahr, als mein Vater zur Bank ging und zwanzig neue, unzerknitterte Eindollarscheine holte, und damals konnte man sich mit einem Dollar noch eine ganze Mahlzeit kaufen. An jedem Dollar brachte er einen Weihnachtsgruß an und verteilte sie: einen für den Zeitungsjungen, einen für den Schuhputzer, einen für den Postboten und siebzehn andere. Er dankte ihnen einfach dafür, dass sie zu seinem Bekanntenkreis gehörten.

Eine weitere Erinnerung entstand viele Jahre später. Meine Frau, meine beiden Kinder und ich setzten uns ins Flugzeug nach Kansas City, um die Feiertage mit meinen Eltern zu verbringen. Als ich aus dem Flugzeug stieg und ins Terminal kam, sah ich sofort meinen über eins-neunzig-großen Vater, der über die Menge ragte. Er hatte ein Funkeln in den Augen und ein Lächeln auf dem Gesicht, und Mutti glühte natürlich vor Entzücken. Ihre Familie war zu Weihnachten heimgekommen. Jene Szene ist heute in meinem Kopf wie ein Film der Vergangenheit. Inzwischen sind diese lieben Menschen von uns gegangen und nur die Erinnerungen verweilen noch.

Ich hoffe, dass Ihre eigenen Stunden des Treibens und Teilens und Beisammenseins während der Weihnachtszeit Ihnen ein besonderes Geschenk bereiten: Erinnerungen, die ein Leben lang währen.

Eine Weihnachts-tradition

SHIRLEY DOBSON

Die frohen Weihnachtstage kommen und gehen so schnell, da haben wir nach einer Möglichkeit Ausschau gehalten, um die Freude etwas zu verlängern. Deshalb haben wir es uns zur Gewohnheit gemacht, unsere Weihnachtskarten von Freunden und Verwandten aus allen Landen aufzubewahren. Nach Silvester lege ich sie dann alle auf ein Tablett in der Nähe des Esstisches. Jeden Abend nehmen wir einige Karten und lesen sie zusammen mit den beiliegenden Briefen. Dann beten wir an unserem Tisch für die Familien. Diese Tradition kann Monate in Anspruch nehmen, je nachdem, wie viele Karten wir bekommen. Wenn die vollen Weihnachtstage hinter uns liegen, können wir die Schönheit der Karten viel mehr schätzen und die bedeutungsvollen Verse und persönlichen Zeilen viel besser aufnehmen.

Die Weihnachtstraditionen, die wir über die Jahre entwickelt haben, gibt es nicht nur bei uns im Haus.

Vielleicht ähneln sie Ihren in vielerlei Hinsicht. Auf jeden Fall sind sie für jedes Familienmitglied enorm wichtig. Derartige Aktivitäten sind dazu da, zwei äußerst wichtige Aspekte zu betonen, die den Sinn von Weihnachten ausmachen: das Feiern der Geburt und des Lebens Jesu, und das Feiern der Liebe untereinander und zu allen Menschen. So regt uns diese Jahreszeit an, das Beste in uns für andere sichtbar zu machen.

God Rest You Merry

Ruth Bell Graham

„God rest you merry,
gentlemen…“,
und in diesen geschäft'gen Tagen
möcht' auch ich so selig sein
in ihm, durch dessen Gaben,
er Rast und Frohsinn lässt herein.
Auf müden Knien dann bet' ich dies:
„God rest me merry,
please …“

Der Baum

CRYSTAL J. KIRGISS

Ob groß oder klein,
gerade oder krumm,
jung oder alt,
voll oder kahl,
sobald er, mit liebender Fürsorge,
gewählt und geschmückt ist,
wird jeder Baum lieblich,
in Lichtern gebadet,
in Farbe gewickelt,
in Neuheit gekleidet …
ein Symbol für krumme, kahle, leere Leben,
erwählt vom Vater,
in Licht gebadet,
in Hoffnung gewickelt,
in Vergebung gekleidet,
WIEDERGEBOREN,
weil vor langer Zeit
ein winziges Baby
in unsere Welt trat
und das Dunkel vertrieb.

Weihnachten halten

Peter Marshall

In einer Welt, die sich nicht nur zu verändern, sondern sich gar aufzulösen scheint, gibt es einige Millionen Menschen unter uns, die Weihnachten beibehalten wollen, wie es ist … mit demselben alten Grußwort „Frohe Weihnachten" und keinem anderen.

Wir sehnen uns nach bleibender Liebe unter Menschen des Wohlgefallens, einer Liebe, die mit der Festzeit kommt.

Wir glauben an dieses alte Weihnachtswunder, das mit seiner besänftigenden, versüßenden Wirkung wieder unser Herz berührt.

Wir wollen an den alten Bräuchen und Traditionen festhalten, weil sie unsere Familienbeziehungen stärken, uns mit unseren Freunden verbinden, uns mit der gesamten Menschheit eins machen, für die das Kind geboren wurde, und uns wieder zurück zu dem Gott führen, der uns seinen eingeborenen Sohn gab, damit „jeder, der an ihn glaubt, nicht verloren gehe, sondern ewiges Leben habe."

Deswegen werden wir Weihnachten nicht „verbringen“ oder „befolgen“.

Wir werden Weihnachten „halten“ – es halten, wie es ist … in all der Lieblichkeit seiner alten Traditionen.

Mögen wir es in unseren Herzen halten, damit wir von seiner Hoffnung gehalten werden.

Jenes eine Leben

Richard C. Halverson

Die folgenden Zeilen sind anonym, doch ich habe sie schon unzählige Male zitiert – und immer mit derselben Begeisterung und Faszination. Es scheint mir passend, sie Ihnen zur Weihnachtszeit in Erinnerung zu rufen.

Er wurde in einem unbedeutenden Dorf als Sohn einer einfachen Frau geboren. Er wuchs in einem anderen Dorf auf. Bis zu seinem dreißigsten Lebensjahr arbeitete er in einer Tischlerei, woraufhin er drei Jahre lang als Reiseprediger tätig war.

Er schrieb nie ein Buch.
Er hatte nie ein öffentliches Amt inne.
Er besaß nie ein Haus.
Er gründete nie eine Familie.
Er studierte nie.
Er reiste nie weiter als dreihundert Kilometer von seinem Geburtsort.
Er tat nie irgendetwas, das normalerweise mit Größe in Verbindung gebracht wird.

Er hatte keine Empfehlungen, nur sich selbst.

Er war noch ein junger Mann, da wandte sich die öffentliche Meinung gegen ihn. Seine Freunde suchten das Weite. Er wurde in die Hände seiner Feinde gegeben und durchlief den Spott eines Strafprozesses. Er wurde zwischen zwei Dieben an ein Kreuz genagelt. Während er starb, spielten seine Henker um das einzige Habstück, das er auf Erden hatte, sein Gewand. Als er tot war, wurde er durch die Güte eines Freundes in ein geliehenes Grab gelegt.

Nahezu zwanzig Jahrhunderte sind gekommen und gegangen, und heute ist er noch immer die Hauptfigur der Menschheit.

Ich bewege mich ganz im Bereich des Realistischen,
wenn ich sage, dass alle Armeen, die je marschiert sind,
alle Flotten, die je gesegelt sind,
alle Parlamente, die sich je versammelt haben
und alle Könige, die je regiert haben –
sie alle zusammengenommen das Leben der Menschen
auf dieser Erde nicht so beeinflusst haben,
wie jenes eine Leben dies getan hat.

Ein Weihnachtsgebet

Robert Louis Stevenson

Liebender Vater, hilf uns, die Erinnerung an die Geburt Jesu zu bewahren, damit wir am Lied der Engel, an der Freude der Hirten und an der Anbetung der Weisen teilhaben.

Schließe überall auf der Welt die Tür des Hasses und öffne die Tür der Liebe.

Lass Freundlichkeit mit jedem Geschenk einhergehen und gute Wünsche mit jedem Gruß.

Erlöse uns – durch den Segen, den Christus bringt – vom Bösen und lehre uns, mit einem reinen Herzen fröhlich zu sein.

Möge uns der Weihnachtsmorgen glücklich machen, deine Kinder zu sein, und möge uns der Weihnachtsabend mit einem dankbaren Herzen zu Bett gehen lassen, verzeihend und verziehen, um Jesu willen. Amen!